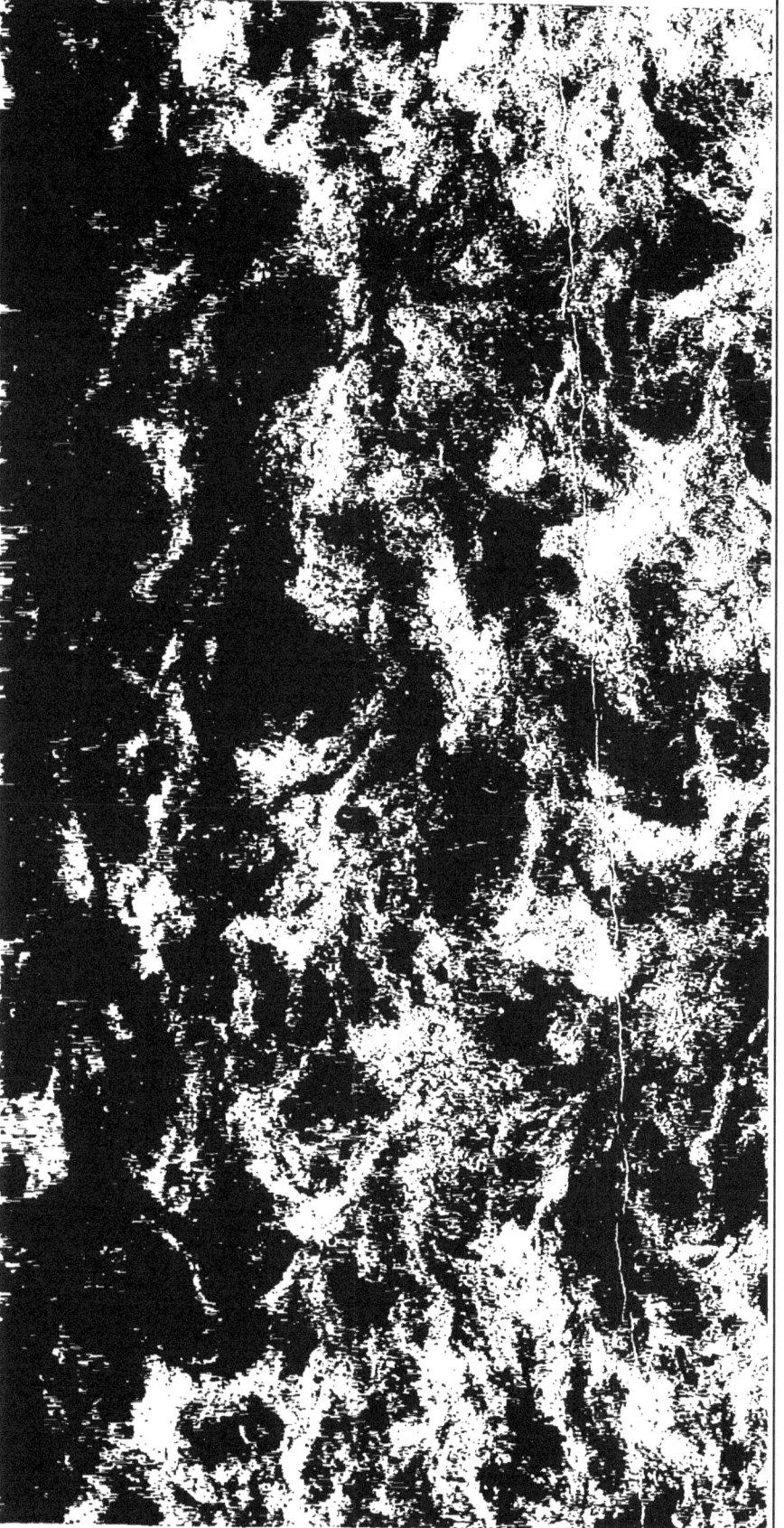

ACCORD
DE LA FOI
AVEC LA RAISON;

Dans la manière de préfenter le Systéme Physique du Monde, & d'expliquer les différens Mystères de la Religion.

PREMIERE PARTIE.

A COLOGNE.

Et se trouve à Paris,
chez DESAINT ET SAILLANT,
Libraires, rue Saint Jean-de-Beauvais.

M. DCC. LVII.

ACCORD
DE LA FOI
AVEC LA RAISON;

Dans la maniere de présenter le Systême Physique du Monde, & d'expliquer les différens Mystères de la Religion.

CHAPITRE PREMIER.

De la Matière primitive dont les Corps sont composés.

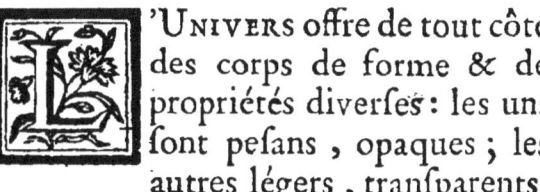'Univers offre de tout côté des corps de forme & de propriétés diverses: les uns sont pesans, opaques; les autres légers, transparents. Ceux-ci sous le même volume renfer-

A

ment plus de matière, & résistent sensiblement à la division de leurs parties. Ceux-là au contraire ont plus de surface, & se prêtent d'avantage à l'action de la puissance qui les divise. Les pores n'y sont ni en même nombre, ni de même dimension : tous semblent vouloir se précipiter au centre de la terre. Ce qui opere la pesanteur, différente de corps à corps, & exactement proportionnelle à la quantité de matière renfermée sous le même volume. D'où naissent ces différences ? La matière premiere des uns est-elle d'une autre nature que celle des autres ? Le feu, l'air, l'eau & la terre ont-ils une origine commune, ou émanent-ils de principes différens ? Voilà des objets dignes de nos recherches, & si importans que l'on ne peut affermir les fondemens d'un système général de physique, sans avoir statué quelque chose de raisonnable à cet égard.

Une seule propriété commune à tous les corps semble devoir fixer nos regards. Tous paroissent renfermer en eux-mêmes les principes d'un même élement. Une foule d'expérience nous prouve de la maniere la plus sensible, l'existence d'une matière par tout présente, & dont l'air, la terre & l'eau sont également pénétrés. Elle réside dans le tout & dans les parties. Nous ne pouvons concevoir aucune portion de matière quelque petite qu'elle fut supposée, dans laquelle nous ne soyons fondés d'admettre des parties d'un fluide si universellement répandu. Si donc nous imaginions un pied cube de matière, réduit à ses parties élémentaires, nous sommes autorisés à penser qu'en électrisant ces élemens cubiques, une émanation perpétuelle du fluide qui y seroit contenu, se manifesteroit. Et comme l'homme ne peut annéantir la matière, c'est une nécessité d'en conclure, que l'électrisation continuant, si rien ne remplaçoit les parties du fluide qui s'échapperoient de tous les points des élemens cubiques, ces élémens finiroient par être totalement épuisés. Or les élémens d'un corps sont de même nature que ce corps. Nous pouvons donc regarder le fluide renfermé dans les parties élémentaires du pied cube de matière, comme l'élément de ces parties, puisqu'en étant successivement retranché elles seroient détruites en entier. Donc la somme de toutes ces émanations seroit égale à celle de tous les élémens du cube, & par conséquent au cube même. Donc ce pied cubique de matière n'étoit dans le principe que le fluide même, auquel une électrisation continuée l'eût réduit, & comme le même raisonnement a lieu à l'égard de tout pied cube de matière, il en résulte que l'air, la terre & l'eau sont originairement composés des parties d'un même élément.

On peut objecter contre ce raisonnement, que le fluide que l'on vient de donner pour l'élément commun des corps, n'émane point de leurs parties matérielles, mais des pores dont ils sont pénétrés; & qu'ainsi la matière solide n'étant point diminué par l'émanation à laquelle l'électrisation donne lieu, ces corps demeureroient dans un état fixe & permanent, & que la même quantité de fluide qui fortiroit d'un pore rentreroit à l'inftant par un autre pore. Mais il devroit fuivre de-là, que dans un tems égal les corps les plus poreux devroient fournir une quantité plus grande de fluide, que les corps plus compactes, & plus condenfés. Et il arrive précifément tout le contraire ; les corps les plus maffifs étant ordinairement ceux du fein defquels il découle plus de matière fluide. Donc l'émanation eft plûtôt proportionelle à la quantité de matière renfermée dans les corps, qu'au nombre de fes pores. Donc la partie matérielle elle-même fera le principe & le lieu de ces émanations ; puifque là où elle exifte, aucun autre corps n'y peut exifter. Nous fommes donc fondés à n'admettre qu'un feul élément dont l'air, la terre & l'eau font compofés.

Cette preuve peut être encore fortifiée par la confidération d'un corps quelconque, expofé à l'action d'un feu actif. Nous favons qu'il n'exifte rien dans l'étendue qui ne foit fufceptible d'inflammation ; en fuppofant dans le feu une activité proportionnée à la difpofition, à l'inflamation plus ou moins prochaine de la part des corps à enflammer. Or le corps fuppofé, confidéré dans fon état d'inflammation, fera transformé en flamme, en cendre & en fumée. Suppofons raffemblées en un nouveau corps ces cendres & cette fumée, celui-ci moins folide que le précédent, fera diminué de la matière qui aura fervi d'aliment à la flamme du premier corps ; & nouvellement enflammé, il donnera lieu à la formation d'un nouveau corps encore moins folide, & celui-ci à un autre toujours plus foible : & procédant dans le même ordre, l'on voit par la penfée, qu'il fe formeroit une fuite de corps, dont la quantité de matière iroit en décroiffant du poids de la flamme du corps précédent. Cette opération continuée à l'infini, & jufqu'à ce que le réfultat des cendres & des vapeurs fût inférieur à la moindre quantité phyfique qu'il feroit poffible d'affigner, l'on fent qu'à ce terme la maffe totale du corps primitif eut été convertie dans la même matière, que celle qui forme l'élément du feu. Ainsi il paroît prouvé d'une part, que l'air, la terre & l'eau sont composés d'une matière unique & commune, qui constitue leur essence : il vient de l'être que cette matière se réduisoit en dernier ressort à la même que celle du feu. Par conséquent un seul principe compose l'air, la terre, l'eau & le feu ; & tous les corps qui sont dans l'univers, ne sont que des modifications particulieres d'un même élément. C'est dans l'unité de principe où brille d'avantage la puissance infinie de l'Auteur du monde : un seul Dieu, un seul culte, un seul univers, une seule matière créée, combinée d'une infinité de manieres différentes, une seule espece d'hommes, d'animaux, de plantes, voilà la substance de tout l'univers. Les hommes naturellement bornés dans leurs idées sont toujours portés à multiplier les principes sans nécessité; ce qui cause les plus grandes difficultés dans la combinaison des effets qu'on peut ramener à tant de causes différentes, & forme une preuve des plus complettes de la foiblesse extrême de l'esprit humain, qui n'apperçoit point la liaison des conséquences avec les principes d'où elles procédent. Il est peu de sciences qui ne se ressentent de cette abondance stérile de principes trop multipliés, & par conséquent superflus. Il y a une infinité de Problêmes de Géométrie qu'on croit d'espéce différente, & qui ne sont que les mêmes présentés sous diverses faces ; différents systêmes pour mesurer des surfaces courbes, des circonférences, des solides, en un mot l'étendue considérée par tous ses aspects. On a été jusqu'à inventer presque de nos jours, un calcul particulier, nommé par les Géométres, *calcul différentiel & calcul intégral*, dont l'objet se borne à considérer la nature par ses progrès élémentaires dans la naissance de la quantité, & à former ensuite un résultat de tous les élémens pour en retirer la quantité même qu'il s'agissoit de connoître. Cette idée a obligé de créer des exprèssions particulières pour représenter ces portions de surfaces infiniment petites. Mais à peine ont-elles paru dans le calcul, qu'il a fallu songer à les faire disparoître, à cause que la mesure de l'étendue ne peut être exacte, qu'autant que les exprèssions qui la représentent sont finies, & n'offrent plus rien d'infini. Ainsi partie de l'industrie du Géomètre a été employée à chasser ces termes *infinitésimaux* dont la création ne devoit être que momentanée, c'est-à-dire, à détruire les fondemens mêmes sur lesquels portoit tout l'édifice du calcul, si l'on ose ainsi s'exprimer. Or il faudroit être peu Philosophe pour ne pas sentir toute l'irrégularité de ce procédé, qui ne prouve autre chose que le peu d'étendue de notre capacité, de n'avoir pû reculer assez les limites du calcul ordinaire, pour mesurer toute étendue finie par des termes finis, & sans l'intervention d'exprèssions destinées à être presque aussi-tôt détruites que créées. Qu'il soit, par exemple, question de mesurer la surface du

* A v

Fig. 1. triangle ABD. Je vois d'abord que ce triangle est une portion du rectangle AGBD, & qu'ainsi multipliant BD (*a*) par AD (*b*) j'aurai pour produit, *ab*. Or il n'est plus question que de savoir actuellement combien je dois prendre de parties de ce rectangle, *ab*, pour avoir au juste la valeur du triangle ABD. Mais je ne me contente point de cette connoissance, je veux encore avoir la valeur indéterminée de tous les triangles AEF, qu'il est possible de former, entre les points extrêmes A & D de la perpendiculaire, prise sur la valeur des rectangles correspondans, qui sont les surfaces comparatives auxquelles je veux ramener les autres, c'est-à-dire, savoir toujours quelle partie de l'abscisse par l'ordonnée sera le triangle correspondant. Nommant l'abscisse indéterminée x, l'ordonnée y, l'on aura pour tous les points de la perpendiculaire $a : b :: x : y$. d'où $ay = bx$, d'où encore $y = \frac{bx}{a}$. Or pour trouver l'expression qui conviendra à la quadrature, ou mesure de tous les triangles, il faut multiplier ces deux termes par l'abscisse x. Ce qui donnera $xy = \frac{bx^2}{a}$, il restera à connoître par quel nombre il faut diviser, xy, pour avoir la valeur du triangle indéterminé. Or comme cette opération doit donner un terme qui renferme l'expression caractéristique du triangle, laquelle résulte de l'exposant de la puissance de l'abscisse x dans le terme $\frac{bx^2}{a}$. & que cet exposant est ici 2, il s'ensuit que $\frac{xy}{2}$ exprimera la valeur du triangle indéterminé, c'est-à-dire qu'à tous les points de la perpendiculaire, l'on aura toujours la valeur du triangle en divisant le produit des coordonnées par le nombre 2.

Car si nous faisons attention qu'on peut supposer une courbe quelconque AOBD, dont les abscisses seront les mêmes que celles du triangle, mais dont les ordonnées seront plus grandes ; nous verrons clairement que quelque partie que le triangle puisse être du rectangle des coordonnées, la courbe sera nécessairement égale à une portion plus grande de ce rectangle. Par con-

Fig. 26.

féquent à proportion que les abfciffes feront plus élevées dans leurs expofans (qui caractérifent la nature des furfaces) que les ordonnées, la furface qu'il s'agit de mefurer, fera une moindre portion du rectangle des coordonnées. Or ce rectangle étant dans tous les cas, xy, il ne fera donc plus queftion que de le divifer par l'expofant de la furface qu'il faudra mefurer. Car par-là l'on aura des quadratures relatives à la nature de ces mêmes furfaces.

S'il étoit queftion de quarrer la parabole, fon exprèffion caractériftique étant $yy = ax$ l'on auroit $y = a^{\frac{1}{2}} x^{\frac{1}{2}}$, & multipliant tout par x, pour avoir le rectangle des coordonnées, il viendroit $xy = a^{\frac{1}{2}} x^{\frac{3}{2}}$. Or l'expofant de la puiffance étant $\frac{3}{2}$, & devant divifer par ce nombre, l'on auroit pour la quadrature de cette courbe $\frac{2}{3} xy$. au lieu que le triangle plus élevé dans fon expofant, n'a donné que $\frac{1}{2} xy$. L'on voit qu'il n'entre ici que des exprèffions finies, & que ce calcul eft plus expéditif que le calcul différentiel &

le calcul intégral, parce qu'on va directement à l'objet, qu'on n'employe que des termes qui subsistent toujours dans le calcul.

Si l'on vouloit encore tenter la quadrature de l'hyperbole entre ses assymptotes par cette méthode, son expression étant $xy = aa$, je vois sur le champ que cet espace est immesurable, à cause que le rectangle des coordonnées étant, xy, le terme, aa, ne renferme aucune puissance de x, qui puisse me fournir le diviseur de xy. Et pour le prouver, suivons l'opération ; nous aurons donc $y = \frac{aa}{x}$; & multipliant par x, il viendra $xy = aax^{1-1}$ donc il faudra diviser xy par $1-1 = 0$. pour avoir la quadrature de cet espace, ce qui ne donneroit rien. Partant cette courbe ne peut être quarrée, je ne dis pas par la méthode dont il est ici question, je dis par une méthode quelconque. Car il est constant qu'il doit y avoir un rapport entre la quadrature d'une courbe quarrable quelconque, & le rectangle des coordonnées, divisé par l'exposant qui exprime la nature de

14 ACCORD DE LA FOI

cette même courbe, lorsqu'elle n'a qu'un terme dans son expression. Or il vient d'être prouvé que ce rapport n'existoit pas. Donc cette courbe ne peut être quarrée.

Si l'expression de la courbe renfermoit plusieurs termes, par exemple, $y = \frac{a}{b} + \frac{cx^2}{D^2}$ il faudroit quarrer terme à terme. L'on auroit donc pour valeur du rectangle des coordonnées $xy = \frac{a}{b}x^2 + \frac{c}{D^2}x^3$ & pour quadrature de la courbe $\frac{a}{2b}x^2 + \frac{c}{3D^2}x^3$. Dans ce cas & autres semblables la quadrature se prend du côté des x. Car il faut remarquer que tout comme nous aurions pû dans les opérations précédentes, par exemple, dans la parabole $xy = a^{\frac{1}{2}} x^{\frac{3}{2}}$ dont la quadrature seroit $\frac{2}{3}xy = \frac{2}{3}a^{\frac{1}{2}}x^{\frac{3}{2}}$, prendre le second membre pour la quadrature cherchée, de même nous pouvons, dans l'exemple présent, opérer sur le même membre, pour remplir le même objet.

Si l'on avoit $y = \overline{ax - xx^2}^{\frac{1}{2}}$ multipliant tout par x, il viendroit $xy = \frac{1}{x} \cdot ax - xx^2$ partant réduisant en serie l'expression qui est sous le signe, l'on auroit une suite de termes, qui étant multipliés par x & divisés par leur exposant, nous fourniroit la quadrature approchée de cette surface, de même que dans le calcul intégral & ainsi des autres cas plus compliqués.

Il étoit donc inutile d'inventer de nouveaux principes, un nouveau calcul, pour mesurer l'étendue, & de charger nos procédés d'expressions superflus, qui ne font d'autre effet que de retarder la marche rapide de l'esprit vers l'objet auquel il tend. Comme le résultat des opérations est le même que dans le calcul intégral, plusieurs ne manqueront pas de dire que le principe dont il est ici question, est précisément le même que celui sur lequel les nouveaux calculs sont appuyés. En quoi cependant l'on se tromperoit : car à quoi se réduit tout ce qui vient d'être observé sur cet article ? à chasser de nos calculs ces expressions infinies, qui ne sont nullement nécessaires pour mesurer une étendue finie. C'est là tout ce que j'ai trouvé à reprendre dans notre procédé, que j'ai regardé à cet égard comme peu régulier, puisqu'il falloit créer & détruire presqu'en même-tems, les signes institués pour exprimer des quantités infiniment petites; ne trouvant pas que le plus court chemin pour arriver à une mesure finie, soit de passer par l'infini. Il n'étoit donc question que de retrancher cette idée d'infini dans la maniere d'envisager l'étendue finie. Un rectangle infiniment petit a donc dû être remplacé par un rectangle fini, & des lignes d'une petitesse inassignable, par d'autres d'une longueur variable, mais finie : tout le reste doit subsister. Ainsi l'on ne doit pas être étonné qu'il y ait un résultat égal & un procédé analogue dans ces deux opérations.

L'on pourra encore remarquer que la seule idée de quantité indéterminée, remplit l'objet de l'étendue dans toutes ses circonstances. Car dès-là l'on peut imaginer la quantité aussi grande & aussi petite que l'on veut. Ce qui fait sentir la superfluité de ces expressions particulieres, employées pour caractériser l'élément *infinitésimal* ; puisque le calcul ordinaire de l'algebre suffit pour remplir cette idée, qui n'est qu'un cas particulier de la quantité variable, alors considérée dans ses momens infiniment petits.

De vrais Philosophes & de bons Citoyens ont entrepris dans ces derniers tems de développer les principes qui avoient rapport à la police générale des Etats. Un travail de cette espece, dont l'objet se termine à l'instruction du Prince & des Sujets dans une matiere si grave, ne peut qu'exciter la plus profonde reconnoissance dans les ames nées pour sentir le bonheur de la patrie. Mais oserai-je encore avancer que trop de principes ont obscurci la matiere que nous avions le plus d'intérest d'éclaircir. Il est un point fixe dans l'ordre physique comme dans l'ordre moral, d'où il est important de partir pour ramener les effets à leur cause naturelle, & déterminer ce centre commun, ce point de tendance où plusieurs vérités doivent se réunir. Il semble que tout ce qui a rapport à l'administration, auroit pû être ramené au principe général de l'accroissement perpétuel du nombre des sujets d'un État. Car il est certain que la force des Empires dépend uniquement de la combinaison d'une multitude de loix & de principes, relative à cet objet. L'on auroit vû par-là que les États qui pouvoient en rigueur se passer des autres états, devoient adopter, dans plusieurs cas, des systêmes différens ; que le commerce extérieur étoit plus avantageux à des puissances bornées à des possessions peu fertiles, qu'à celles qui regnoient dans des climats plus heureux, & sur un sol toujours abondant : que le grand art de l'administration consistoit dans l'employ perpétuel des hommes & de la finance d'un état, & dans l'extinction des faux emplois, des forces mortes, si contraires aux vues d'une sage administration, & en même-tems si préjudiciables au corps politique. Mais quoique ce fût déja beaucoup, que d'avoir établi les vrais principes sur l'art de rendre les peuples heureux & les Empires florissans, le zéle de la Patrie ne permet pas d'en demeurer là. Il seroit un second effort d'imagination, indispensablement attaché à cette théorie, & capable de lui donner le dégré de force sous lequel elle doit être présentée. Je veux parler d'un plan pratique de ces principes, de cette combinaison profonde des diverses branches de l'administration, pour opérer les corrections nécessaires dans un syftême actuel, sans causer aucune secousse, aucun ébranlement au corps de l'Etat. Le passage d'une administration à l'autre doit se faire avec lenteur & par des progrès insensibles: c'est là la marche de la nature qui se refuse à tout mouvement précipité. Il est un tems indispensable à donner aux parties nouvellement projettées, si l'on ose ainsi s'exprimer, pour qu'elles puissent se rasseoir & s'enchasser l'une dans l'autre, de maniere qu'elles puissent acquérir le dégré de solidité auquel elles sont destinées, avant que d'opérer sur d'autres qui exigent les mêmes attentions dans leur établissement. L'état est une machine dont le mouvement doit être continu, & le remplacement d'un ressort par un autre, exécuté de façon que l'action n'en soit point retardée. Il faut donc corriger pièce à pièce pour éviter le choc qu'une action plus étendue ne manqueroit pas de produire dans toutes les parties. Un ouvrage de cette espéce ne peut être que le fruit d'une longue méditation : & l'on ne pourra jamais croire combien la réduction d'un plan théorique de gouvernement à un plan pratique a présenté de difficultés à surmonter.

Si nous parcourions les différens arts auxquels l'esprit humain s'est appliqué ; il ne seroit pas difficile de montrer la même profusion dans les causes primitives auxquelles les effets ont été rapportés, & conséquemment les mêmes écarts, les mêmes ténébres & la même indigence. Les causes multipliées se nuisent réciproquement, & répandent beaucoup d'obscurité sur la connoissance des loix que suit la nature dans ses opérations. Car à quelle origine ramener cet effet qui pourra partir de tant de sources différentes ? Et voilà précisément ce qui arrête le progrès des connoissances. Quel art par exemple plus utile aux hommes, que la Médecine ? & en même-tems quel art plus chargé de principes ? Nulle vûe générale, nulle combinaison pour rappeller à la cause générale, les différentes maladies qui affectent le corps humain. A la vérité cet art étant appuyé sur la Physique, si cette base vient à lui manquer, l'édifice tombe ; & c'est pourquoi il est si intéressant de fournir à ceux qui s'y consacrent, les points fixes dont ils doivent partir. Ainsi nous ne pouvons espérer de traités méthodiques des maladies, avec l'usage des remédes convenables pour les guérir, que quand nous aurons assuré les fondemens de la Physique.

Cette science avoit fait de grands progrès au tems de Descartes. Ce Philosophe avoit considéré la nature par le point de vûe sous lequel nous l'envisageons ici. L'univers dans l'origine avoit été formé d'une feule matiere, d'où plufieurs autres avoient pris naiffance : un feul moteur animoit tout dans la nature : aucun effet qui ne fut dépendant de cette caufe primordiale, à laquelle tout étoit rapporté. Le mouvement une fois imprimé à la matiere fubtile, l'on voyoit pourquoi les aftres s'ébranloient, pourquoi la nature paroiffoit dans une action continuelle. Ses opérations les plus fecretes nous étoient dévoilées : cependant par une fatalité qu'on n'auroit pas dû attendre d'un fiècle que ce grand homme avoit tant éclairé, une opinion nouvelle prévalut ; & j'ofe dire que les ténébres les plus profondes fuccéderent alors à la lumiere la plus éclatante. Un pouvoir inconnu & inintelligible fut donné à la matière. On voulut que tous les corps tendiffent l'un vers l'autre, par une action fecrette & myftérieufe. Des loix furent en conféquence données à cette tendance réciproque. On calcula le tems qu'employoit la lune à s'approcher de la terre ; & par les loix connues de la chute des corps sur notre globe, l'on conclut que le mouvement vers le centre de la terre, s'opéroit dans la raison renversée du quarré de la distance à ce même centre, & que cette loi avoit également lieu à l'égard de tout autre centre. Il eut été aisé d'ajouter cette nouvelle idée à l'hypothèse cartésienne, elle eut même servi à la rectifier dans plusieurs points. C'est-là le cours ordinaire des choses, qui vont toujours en se perfectionnant. Les génies supérieurs aux autres présentent le tableau général, le plan, en un mot, de l'édifice. Ceux qui viennent après, ajoutent ou retranchent, suivant que l'éxigent les circonstances & les nouvelles découvertes; mais ces corrections se font dans le plan même, qui subsiste toujours; & insensiblement on parvient à lui donner toute la perfection dont il étoit susceptible.

Telle est la marche ordinaire de l'esprit humain dans les progrès des arts & des sciences, lesquels s'opérent par les efforts successifs de plusieurs génies qui partent du même point, & tendent au même but. Mais par malheur on a suivi ici d'autres traces : l'amour propre n'a pas permis de bâtir sur le terrein d'autrui, ni qu'on employât dans les matériaux du nouveau monde, les débris & les ruines de l'ancien. Newton fut en tout préféré à Descartes, & les loix incompréhensibles de l'attraction, prévalurent sur celles de l'impulsion.

Je n'entre point ici dans la discussion du vuide & du plein, ni dans celle des tourbillons. Ces deux questions seront traitées dans le cours de l'ouvrage. Je prens seulement les deux idées fondamentales des deux hypothèses. Descartes, ainsi que tous les Philosophes qui l'ont précédé, & j'ose encore dire les personnes qu'une prévention extrême n'a point aveuglés, ont pensé & pensent, que le mouvement s'opére par les loix de l'impulsion, c'est-à-dire, qu'il faut qu'un corps soit poussé, pour s'approcher ou s'éloigner d'un autre corps. Cette idée n'a rien que de simple en soi ; & tout ce que nous voyons dans la nature le prouve

prouve de la manière la plus senfible. Ce Corps qui est devant moi, ne pourra jamais se mouvoir de lui-même, & sans l'intervention d'une cause qui le pousse. Si je suppose que le mouvement s'opère par attraction, dès-lors je suis forcé d'admettre que les machines de Méchanique, les ressorts qui animent le sistême animal & généralement tous ceux de la nature, auront été combinés suivant ces lois. Ensorte qu'il résultera de ces principes, qu'en frappant un mobile quelconque pour l'éloigner de moi, je ne ferai autre chose par cette action, que réveiller au loin la vertu attractive des corps, par lesquels le mobile est supposé attiré. Et au contraire, lorsque je voudrai le rapprocher de moi, la vertu attractive qui réside en moi, suffira pour opérer cet effet, qui se manifestera par l'action plus forte des muscles au moment de leur tension. Il est très-certain qu'il faut adopter ces hypothèses, si l'on reçoit celle de l'attraction; autrement il y aura deux principes dans l'univers : tantôt la nature agira par impulsion, & tantôt par attraction : ce qui feroit, dans plusieurs cas, un combat de forces contraires & opposées, qui répandroit la plus grande confusion dans l'univers. L'action du salpêtre enflammé, qui pousse du centre à la circonférence, dans une direction opposée à celle de l'attraction, peut-elle être l'effet de cette cause ? Qui ne voit que c'est ici un corps qui en pousse un autre ? La nature suit-elle ces lois dans le dévelopement du règne végétal, & dans les divers degrés de courbures qu'affectent généralement tous les fruits de la terre, lesquels supposent une résistance, & non une attraction, de la part des corps environans, combinée avec une force qui pousse du centre à la circonférence. Est-ce encore à ce principe qu'il faudra rapporter les effets de l'électricité, & cette secousse qu'éprouvent en même tems plusieurs personnes qui se touchent au moment de leur electrisation ? Et pourquoi le frottement du verre est-il indispensablement nécéssaire pour produire ces effets ? La loi de l'attraction qui agit en raison directe des masses, n'est-elle pas violée ici, puisque le même corps opére dans un instant & n'opére pas dans un autre. En un mot, il est impossible, par ce principe de rendre compte d'un seul effet de la nature, au contraire presque tous y sont opposés, puisque la force de l'attraction de la terre, plus forte que celle de chaque corps en particulier, devroit continuellement ramener l'action de la circonférence au centre, & par conséquent empêcher les effets contraires à cette direction : proposition dont tout fait sentir l'étrange absurdité. Concluons donc que Newton a mis du sombre en nos idées, loin d'y répandre la clarté ; & que nous sommes beaucoup plus loin de la vérité que nous n'étions, avant que sa Philosophie parut ; puisque nous avions au moins un plan général de sience naturelle ; que tout y étoit ramené à un point fixe, aisé à saisir, analogue à un plus grand nombre d'effets, & qu'il ne devoit être question que de faire les changemens nécéffaires pour y ramener les autres. Au lieu qu'aujourd'hui, c'eft une nécéffité pour nous de créer un nouveau corps de phyfique, de faire une nouvelle combinaifon, pour voir fi chaque partie eft fituée dans fon tout comme il convient. Et dès-lors les travaux de deux hommes fi célèbres, font en quelque forte perdus pour nous ; puifqu'étant continuellement oppofés l'un à l'autre, il devient abfolument impoffible de les accorder, dans les points même où ils fe rencontrent ; & que la nécéffité d'arriver aux vérités démontrées dans les deux hypothèfes, oblige de prendre un autre chemin, & d'envifager la nature par un autre afpect, dans plufieurs points fondamentaux.

Nous avons penfé que rien ne pouvoit nous mettre plus à portée de parvenir à ce terme fi defirable, que de prendre les chofes dans leur vraie fource, en fuivant littéralement le texte facré dans l'ouvrage des **fix jours**. Dieu feul peut inftruire les hommes, & leur dévoiler des vérités d'un ordre supérieur, & d'une profondeur infinie. Ce seroit donc marcher dans les ténèbres, & vouloir volontairement s'égarer, que de ne pas chercher, lorsque nous le pouvons, l'ouvrage de Dieu dans Dieu même.

CHAPITRE II.
Accord de la Génèse avec la Physique dans la création d'une seule matière.

IL paroît clairement par l'Ecriture, que l'univers a été formé d'une seule matière. *Fiat lux* : que la lumière existe. *Et facta est lux* : & la mière exista. Voilà tout ce qui a été tiré du Néant, & la matière originaire dont l'univers est composé. Il est évident que l'opération de l'Etre éternel sur l'étendue matérielle, n'a commencé qu'au prémier jour de la création, & que rien de corporel n'existoit auparavant. Et si Moyse nous dit d'abord, qu'au commencement Dieu créa le ciel & la terre, avant que de parler de la naissance des tems & de l'existence d'aucun être physique, il ne faut pas entendre par-là, qu'il y ait eu en effet quelque chose de créé avant la lumière. Ces paroles ne font que l'annonce, l'exposition du sujet qui va être expliqué plus en détail ; parce qu'en effet c'est au commencement des tems, que le ciel & la terre ont été produits. Mais comme le monde fut créé en six jours, & que Moyse devoit exposer jour par jour l'histoire de ce qui avoit été fait ; il ne suffisoit pas de nous dire, qu'au commencement le ciel & la terre avoient été formés, il étoit nécèssaire de déveloper cette idée trop générale, qui auroit donné à entendre que tout avoit été produit & arrangé dans un instant, & de la diviser en autant de parties, que l'ordre des choses créées & arrangées exigeoit. Aussi Moyse passe-t-il de l'exposition générale au détail qui devoit suivre, comme s'il avoit dit au commencement Dieu créa le ciel & la terre, & voici dans quel ordre ces chofes furent produites. Au premier jour il créa la lumière... &c. d'où il réfulte que l'acte de la puiffance infinie de l'auteur du monde, a d'abord été exercé fur la lumière, puifque rien de corporel n'exiftoit auparavant. Je dis de plus, qu'aucune autre matière n'a été créée après, & que l'Ecriture ne marque nulle part, que l'air, la terre, l'eau & le feu ayent été tirés du néant, comme il eft dit de la lumière. Car il eft conftant qu'au prémier jour il n'y eut de chofes créées, que la matière lumineufe. L'opération du fecond jour fut bornée à la féparation des eaux d'avec les eaux, d'où fe forma le Ciel ou firmament. Or fi ces eaux ne furent que féparées, elles exiftoient donc auparavant, & ne furent par conféquent point créées ce jour là, ni le jour précédent. Partant ce n'eft point ici un corps primitif, tel que la lumière, & nécéffairement il faudra entendre que cet élément émane d'un principe matériel déja produit. Car s'il avoit été tiré immédiatement du néant, il est vraisemblable que l'Ecriture ne nous l'eût pas laissé ignorer, & que nous trouverions des expréssions analogues à celle de *fiat lux*, qui nous annonceroient l'existence de ce principe, comme, par exemple, *fiant aquæ, & aquæ factæ sunt*. Les desseins de Dieu sont d'une profondeur infinie, l'on ne doit pas penser que ce soit sans motif que Moyse ait supprimé un certain nombre de faits, qui nous eussent mis à portée de pénétrer aisément les mistères les plus cachés de la nature. Dieu a voulu que l'homme, dans l'ordre physique, comme dans l'ordre moral, tendît toujours à lui comme à son centre unique ; & que nous eussions besoin d'étudier & d'approfondir perpétuellement les livres sacrés, pour y trouver la source de toute vérité, afin que ces livres, monumens éternels de sa sagesse & de sa bonté envers les hommes, emportassent le respect de tous les siècles.

Le troisième jour Dieu dit : *que les eaux qui sont sous le Ciel se rassemblent en un même lieu, & que l'Elément aride paroisse.* Il n'eſt encore queſtion ici d'aucune création nouvelle; les eaux qui couvroient la ſuperficie de la terre, coulèrent dans les lieux bas, & formerent les Mers: ce qui fit que la terre, déja créée, parut. Par conſéquent l'Elément aride exiſtoit auparavant; & l'origine doit en être ramenée à la même époque & au même principe que celle des Eaux.

Le quatrième jour fut employé à placer des corps lumineux dans le firmament, & il eſt évident qu'aucune matière nouvelle ne fut produite, puiſque la lumière que ces corps devoient diſpenſer au monde, fut créée dès le prémier jour.

Quelques ſaints perſonnages ont cru voir la création des Anges dans celle de la lumière; mais comme leur objet tendoit moins à dévelloper le ſyſtême phyſique de la création, qu'à chercher, dans l'Ecriture, l'origine de toutes les ſubſtances, leur aſſertion, à cet égard, doit d'autant moins nous arrêter, qu'il eſt hors de tout doute, que Moyſe a voulu exprimer une vraie lumière, un objet corporel dans l'expréssion *fiat lux*. Car outre la violence extrême qu'il faudroit faire au fens de ces paroles, pour les rapporter à la création d'êtres fpirituels, c'eft que ce qui fuit, ne pourroit plus s'entendre. Et en effet que fignifîroit alors cette féparation du jour & de la nuit, & ces mots: que *du foir & du matin fe fit le prémier jour*. Ainfi il eft très certain que Moyfe a réellement voulu parler de la lumière matérielle, telle que nous la connoiffons. A quoi l'on peut encore ajouter, que la formation du monde phyfique ne commençant plus qu'au fecond jour, il ne feroit plus vrai que l'univers matériel eût été produit en fix, comme on l'a toujours cru: & l'on ne verroit même point de commencement à ce grand ouvrage; car diroit-on que le monde eut commencé par la féparation des Eaux d'avec les Eaux, ce qui fuppoferoit ces Eaux déja produites. Et alors à quel tems, à quelle origine pourrions-nous les rapporter?

Le cinquième & le fixième jour

furent destinés à la création des Etres animés, dont l'envelope extérieure dût son origine à la matière déja produite. Je ne parle point de la faculté sensitive des bêtes, ni de l'ame de l'homme; ces deux objets n'ayant aucun rapport à la matière que je traite ici.

Ainsi l'Ecriture, la raison & la Physique s'accordent sur l'objet de cette première vérité, de reconnoître dans le feu, ou la lumière, ce principe unique dont l'univers est composé. Il ne sera donc plus question que de déterminer les propriétés qui ont pu être données à ce corps, son étendue & la forme des parties qui le composent, pour rendre compte de la formation des différens corps qui composent l'univers & des lois par lesquelles l'auteur de la nature gouverne l'ordre physique du monde.

CHAPITRE III.

Explication de la Lumière, son mouvement, ses effets, & la forme de ses parties.

Dès que la Lumière est l'élément des corps, placés dans l'étendue; qu'au second jour nous voyons l'eau déja formée & la terre paroître le troisième jour, que ces deux élémens sont annoncés comme déja existans au moment où Moyse en parle, & que le prémier jour est divisé en vingt-quatre heures, partie en jour, partie en nuit : il est indispensable d'en conclure, qu'au prémier instant du prémier jour, & au moment où la volonté de l'Etre suprême se manifesta, la lumière fut produite, & qu'au second instant l'eau, la terre, la lune & les autres corps du système planétaire furent formés, par le mouvement imprimé à la matière lumineuse, & qu'immédiatement après, ces corps commencèrent à tourner sur eux-mêmes en vingt-quatre heures, ce qui fit la division du jour & de la nuit, avant même que les astres fussent produits. Par là il sera aisé d'entendre qu'au second jour, les eaux qui existèrent presqu'en même tems que la lumière purent être divisées en partie supérieure & en partie inférieure, & que l'Elément aride pût paroître au troisième jour, au moment où la matière liquide s'écoula, & fut rassemblée dans les lieux bas. La rapidité de cette action est si grande, que l'imagination en est épouvantée. Mais n'oublions point que c'est un pouvoir sans borne qui agit, & que de même qu'il a pu créer en un moment une sphère immense de matière lumineuse, il a pu aussi donner une telle action aux parties de cette matière, que l'eau, la terre, la lune & autres corps planétaires en ayent immédiatement été formés. Cette opération, quoique grande, & de nature à ne pouvoir être produite que par la seule puissance infinie de l'Etre suprême, est encore infiniment inférieure à celle qui fut employée lors de la création de la lumière, à cause qu'elle borne ici son effet à tirer plusieurs corps d'un corps déja produit, ce qui se réduit à un simple changement de forme, à quelques combinaisons particulières dans les parties de la matière prémière ; action dont nous pouvons avoir au moins quelque notion, d'après un million d'exemples de transformations à peu près semblables qu'opére perpétuellement la nature devant nos yeux. Au lieu que le passage du néant à l'être accable la raison humaine. C'est une de ces vérités terribles dont le principe n'est point dans la nature corporelle & qui ne doit son existence qu'à la toute puissance d'un Etre vraîment divin. Ainsi il paroît que la formation des corps du système planétaire a exigé une moindre action que la création subite d'une matière dont l'origine se perd dans le néant.

Mais comme immédiatement après la création de la matière lumineuse, il devoit fe faire un effort général dans les parties, propre à produire les corps dont nous venons de parler, & que l'univers devoit être dans une action continuelle; un centre général & une forme fphérique furent nécéffairement affignés à ces parties. Car le paffage du néant à l'être n'ayant pu s'opérer, que par une action fur la matière produite, & cette action devant être auffi durable que la matière même fur laquelle elle fut exercée, puifque nous ne faurions imaginer d'effets capables d'en opérer la deftruction, il paroît que quelque forme qui ait pu être donnée, dans l'origine, à la matière lumineufe, une figure fphérique ou elliptique aura toujours été l'effet de la combinaifon de l'action imprimée à chaque partie. Et en effet fi nous fuppofions cette forme, par exemple, rectiligne, & les élémens de la matière première compofés d'une infinité de petites furfaces droites, agiffant les unes fur les autres, nous fentons que, pour que la forme primitive fût toujours la même, il faudroit fuppofer un parallelisme parfait dans la direction de toutes ces surfaces ; car pour peu que l'une fut plus choquée à droite qu'à gauche, ou à gauche qu'à droite, elle se repliroit sur elle-même en se courbant, & prendroit une forme poligone d'un plus grand nombre d'angles, & bientôt après une figure circulaire ou ovale, par l'effort que feroient les parties pour se distendre également par tout. Or un seul ovale étant formé, une infinité d'autres se formeroient de même & avec encore plus de facilité. Car les surfaces droites ne pouvant toucher les courbes que par un point, les tangentes se courberoient bientôt en cercle, par l'action des surfaces voisines, laquelle se combineroit avec l'action de la surface courbe; celle-ci pousseroit le point tangent en arrière, tandis que les autres pousseroient le reste de la surface en avant : ce qui opéreroit la formation d'une nouvelle courbe & ainsi des autres successivement.

L'on remarquera, que je suppose ici des espaces libres d'une surface à l'autre, pour que le mouvement ait pu avoir son effet. Ainsi il n'y auroit donc qu'un cas contre une infinité d'autres, où la forme rectiligne pût être conservée, dans l'agitation générale des parties. Par conséquent nous devons entendre que la formation physique de la matière lumineuse a dû être l'effet de l'action oblique & réciproque de toutes ces surfaces. Et en leur donnant une très-petite longueur, peu de largeur & d'épaisseur, l'on sent que de très-petites sphères auront pu résulter du mouvement primitif imprimé à la matière lors de sa création. Ces globules seront par conséquent creux, puisqu'ils sont supposés formés dans le vuide, & que nulle matière n'aura été introduite dans leur capacité intérieure, & ils doivent être considérés comme faisant des efforts perpétuels pour se distendre ; origine de leur propriété elastique & de leur force centrifuge.

Il faudra observer que la totalité de ces élémens primitifs n'aura pas pris la forme sphérique ; quantité ayant été comprimés par l'action des globules voisins, auront conservé leur figure rectiligne.

Si nous examinons ensuite ce qui a dû arriver à cet amas immense de petits corps sphériques, nous verrons que c'est une nécessité de supposer ces corps globuleux dans un état perpétuel de prèssion. Car ce n'est que par-là qu'ils pourront conserver leur forme curviligne. La force elastique prèssant de toute part, il y aura de tous côtés un effort qui contiendra les parties & les obligera de garder leur forme circulaire; mais un parfait équilibre résultera de ces efforts respectifs. Car l'action opposée de tous les globules, doit produire le repos. Cependant comme il est également certain que le mouvement une fois créé ne pourroit être détruit par les lois ordinaires; c'est une nécessité de le supposer conservé dans quelques parties, ayant fini dans d'autres, vû que, si rien ne bougeoit, le ressort des globules élastiques seroit même anéanti : un corps quelconque ne pouvant avoir de force, qu'autant que cette force sera l'effet d'une action. Ainsi nous devons comprendre qu'à mesure que quelques globules auront cessé de se mouvoir, leur action aura passé en entier dans d'autres globules, qui par-là auront augmenté leur quantité de mouvement. Et ceux-ci doivent même se mouvoir à l'infini, afin que l'action primitive, imprimée à la matière, soit perpétuelle.

Remarquons que les globules, placés vers les extrémités de la masse lumineuse, ne trouvant aucune résistance de ce côté, & étant poussés par la force centrifuge des globules intérieurs & voisins, se feront distendus dans cette partie, & auront pris la forme, ABC, par laquelle l'univers Fig. 3. aura été contenu dans les bornes que son auteur lui aura prescrites. Car si les globules ppp.... &c. pressent la courbe, ABC, par leur force centrifuge, pour la porter hors des limites du monde, celle-ci oppose de son côté une force égale, puisqu'elle fait effort pour se redresser, & prendre la forme rectiligne DBE ; de manière que cette égalité d'action, opérera un équilibre de puissance, qui tiendra chaque partie dans le lieu qui lui convient.

Le mouvement de tous les globules, qui auront formé la Courbe ABC, & celui des globules ppp, ayant cèssé vers les extrémités, sera donc transmis vers le centre, c'est-à-dire, vers la partie intérieure de la masse créée, dont la figure sera à peu près semblable à ABCDEFGH. Ce sera donc la partie CPO, qui sera destinée à se mouvoir ; & attendu la prèssion de la circonférence vers le centre, les globules, renfermés dans l'espace CPO, trouvant de la résistance par tout, tourneront au tour d'un point, par exemple G, & ce mouvement entretiendra le ressort de tous les globules, & par conséquent leur élasticité & leur force centrifuge.

Par-là nous comprendrons l'extrême élasticité de la matière globuleuse, dont une des principales propriétés sera de se mouvoir autour d'un point, toutes les fois qu'elle sera dans un

Fig. 4.

certain état de comprèssion. Car le point G, étant celui vers lequel une infinité de lignes de globules auront été dirigées, par l'effet de la force qui pouffe de la circonférence vers le centre, laquelle nous nommerons *force centripète*, il faudra nécèssairement entendre qu'à une petite diftance de G, les globules feront dans l'état d'une grande comprèssion, à caufe que l'angle que formeront deux lignes de globules, ira toujours en diminuant en approchant du point G, & fe rencontrant avec des directions oppofées, leur route fera fléchie autour de ce point, par la grande élafticité de leurs parties, de même que des parties d'air, qui agitées de la forte, fe meuvent en tourbillon. Et le même raifonnement ayant lieu à l'égard de tous les points vers lefquels une certaine quantité de globules auroient pû être dirigés, il en réfulte que différens foyers auront pû fe former dans l'étendue, au moment même où la matière globuleufe fut produite. Cette matière, ainfi raffemblée en un point, forma le feu élémentaire : ce qui lui fit donner par le Créateur le nom de lumière, parce qu'en effet la lumière doit naître de l'action de la matière globuleuse, unie & agitée dans un point central.

Or comme la formation d'un foyer ne peut s'opérer que par l'impulsion de la matière globuleuse vers un point, l'on voit que les globules élastiques dûrent être dirigés vers les foyers, qui se formèrent dans l'espace, lors de la création de la matière première.

Observons avec attention qu'en même-tems que le nombre de ces foyers croîtra, la comprèssion de la matière globuleuse sera plus forte : car premierement la prèssion étant plus grande au point où plusieurs forces se réunissent, à mesure que l'on supposera un plus grand nombre de ces points coïncidens, il faudra en conclure, que la comprèssion en sera augmentée dans la masse totale. Et en second lieu la force centrifuge étant plus grande vers les foyers que par tout ailleurs, puisque les globules y seront plus prèsfés, il en résultera encore que la force pulsative sera plus considérable entre deux foyers, que vers tout autre point.

D'où il suit que l'existence de plusieurs foyers aura opéré du changement dans la constitution primitive des parties de la matière créée. Il se sera nécessairement formé d'un foyer à l'autre, des corps plus ou moins denses, à proportion qu'ils auront été plus ou moins soumis à l'action de ces foyers respectifs, & que des parties de matière, qui auront conservé leur forme rectiligne, se feront différemment combinées avec d'autres, qui auroient pris la figure sphérique. Et c'est ainsi que nous pouvons concevoir qu'ont été produits l'eau, la terre, & généralement tous les corps du système planétaire, peu après la création de la matière prémière. Tous renfermeront, dans ce principe, sous de certains volumes, une certaine quantité de la matière prémière, qui auroit conservé la forme rectiligne, & c'est ce que nous nommons matière réelle des corps; l'autre remplira les espaces vuides que nous appellons pores, & opérera par sa force centrifuge le resserrement des parties : en quoi consiste la solidité durable de la matière, différente de corps à corps, à proportion que l'action primitive de plusieurs foyers voisins aura opéré plus d'effet des extrémités vers le centre de gravité des parties de chaque tout. Telle sera à peu près l'origine des corps solides, à la différence des fluides, dans les parties desquels les foyers du centre ayant autant d'action que ceux des extrémités, soulèveront ces parties du centre à la circonférence, plus fortement que dans les solides, ce qui les empêchera de se condenser, & les assujettira au genre de curvité qui leur est propre. D'où naîtra leur fluidité, & l'extrême facilité avec laquelle ces parties rouleront les unes sur les autres, & se sépareront, lorsqu'elles seront agitées par quelque mobile.

A mesure que l'action des foyers se déployoit pour former de nouveaux corps, par une prèssion plus forte, le mouvement de rotation arrangeoit les parties

parties autour d'un centre, & leur faisoit prendre la forme qui leur étoit propre. Tous les corps planétaires, tournant donc sur eux-mêmes, pour obéir à l'action de leur foyer particulier, en même-tems qu'ils servirent à marquer par-là la succession du jour & de la nuit, avant même que les astres fussent produits, & dès le prémier jour du monde, le mouvement étant plus rapide près du centre, les corps planétaires furent plus élevés de ce côté. D'où nâquit la figure ovale de la terre, de la Lune & celles des autres orbes. L'on remarquera que deux mouvemens ont essentiellement contribué à cette forme ellipsoïde ; la force centripète, par laquelle tout corps étoit poussé directement vers un foyer, par l'action de la matière globuleuse, qui avoit sa direction de ce côté ; & la force centrale ou de rotation de ces foyers, par laquelle un même mobile recevoit à chaque instant une impression pour circuler autour de ce centre. Toute portion de matière, animée par ces deux puissan-

C

ces, se sera donc mue dans une courbe plus allongée que celle qu'elle eut décrite par la seule force centrale, & plus courbe que celle qu'elle eut formée en obéissant seulement à la force centripète, ainsi qu'il sera plus clairement expliqué ci-après. Voilà donc l'origine de la pesanteur tracée. Tout corps sera perpétuellement dirigé vers un foyer par la force centripète & en sera écarté par la force centrale. Mercure, Venus, Mars, la Terre, Jupiter, Saturne, obéissant à ces deux forces, décriront des orbes élliptiques autour du foyer central du monde, en même-tems qu'ils tourneront sur eux-mêmes, par la force centrale de leur foyer propre. Les planettes subalternes, comme la Lune, les satellites de Jupiter & de Saturne, en tournant sur eux-mêmes, pour obéir à l'action de leur foyer particulier, feront en même-tems leur révolution autour du foyer de leur planette principale.

D'où il suit qu'un mobile, par exemple, ne pèsera vers le centre de la terre, que parce qu'il obéit à l'action de la matière globuleuse, qui suit la même route, pour la formation du feu central de la terre. Mais si l'on pouvoit observer avec attention ce qui arriveroit à un tel corps, s'il tomboit d'un lieu fort élevé, l'on verroit que vers la fin de sa chute il s'écarteroit un peu de la perpendiculaire, parce qu'à une certaine distance, la force centrale du foyer de la terre doit agir plus sensiblement. Ceci nous découvre qu'à une moindre distance du foyer terrestre, ce mobile s'éloigneroit encore d'avantage du centre, jusqu'à décrire un orbe elliptique autour de ce point, si rien ne l'arrêtoit. Ainsi un corps quelconque, pesant vers le foyer de la terre, ne pourroit jamais atteindre ce point. La Lune par le même principe, tournera continuellement autour de la terre, sans jamais l'aborder. Les satellites de Jupiter & de Saturne feront également leur révolution autour de leur planette supérieure, à des intervalles considérables.

Il faudra donc observer que la solidité des planettes supérieures sera l'effet de l'action particulière de leur foyer, en opposition avec le foyer général au point précisément où la force de ces foyers aura été égale; & dèslors l'égalité de ces deux forces, opérant un équilibre d'action, la matière solide des corps, sera aussi en équilibre; c'est-à-dire que les parties seront fixes, & se balanceront l'une l'autre, autour de leur centre particulier de gravité. La même loi se fera étendue sur les parties de chaque fluide, relativement à leurs degrés de prèssion.

La solidité des orbes subalternes sera le résultat des forces respectives de leur foyer particulier, combinées avec le foyer de leur Planette principale; ensorte que toutes les parties de la matière, s'ébranleront continuellement entre les foyers qui auront présidé à leur formation: tous les globes supérieurs auront leurs parties solides, situées entre leur foyer propre & le foyer général: & les parties solides des globes inférieurs seront également placées entre le foyer de leur Planette principale & leur foyer particulier. Et c'eſt autour de ces foyers, comme centres, que ſe feront toutes les révolutions.

L'on ne doit point être étonné de voir former tant de corps différens à l'action combinée de pluſieurs centres : nous voyons encore aujourd'hui des effets ſenſibles de cette action ; les liqueurs perdre ſouvent leur fluidité, & ſe transformer en corps ſolides, quand l'action du Soleil agit plus obliquement, & de plus près. Un foyer actif met en fuſion les métaux les plus durs & les plus compactes. La nature offre perpétuellement à nos yeux des phénomènes de même eſpéce, qui établiſſent inconteſtablement l'influence des centres, ſur la ſolidité & la fluidité des corps.

Ainſi à proportion que deux foyers auront agi de plus près, ou de plus loin, plus directement, ou plus obliquement ſur des parties de la maſſe prémière, des corps de différente nature en auront procédé.

C iij

CHAPITRE IV.

Conséquences qui suivent des Chapitres précédens par rapport au Vuide & au Plein, & relativement au Mouvement, à la Lumière & au Feu.

L'Impossibilité où l'on a été jusqu'à présent de concilier les phénomènes ordinaires, soit avec l'hypothèse du vuide, soit avec celle du plein, fait sentir la néceſſité d'admettre le ſyſtême de globules répandus dans tout l'univers, duquel on a parlé au Chapitre précédent. Mais il faut concevoir que ces corpuscules ſphériques, sont absolument creux, & qu'aucune matière n'en remplit la capacité, ainsi qu'il a été dit. Par-là en même-tems que tout ſe touchera, il y aura un espace vuide, pour que les globules, frappés par un corps quelconque, puiſſent, en rentrant dans eux-mêmes, livrer paſſage au mobile qui les prèſſera.

L'hypothèse du plein ne pourroit être admise dans aucun système de physique, à cause que rien ne pourroit se mouvoir, si tout étoit condensé au point d'en exclure tout espace vuide, ainsi qu'on l'a remarqué depuis long-tems. Un corps en mouvement dans le plein devroit ébranler toutes les parties de l'univers en même-tems ; & dès-là même le mouvement seroit impossible, aucun corps ne pouvant recevoir assez d'impression pour vaincre la résistance qu'opposeroit la masse entière du monde. Ce corps feroit même nombre parmi ceux qui résistetoient, & agiroit dès-lors contre lui-même lorsqu'il seroit poussé, ce qui le feroit rester en repos.

Le vuide, tel qu'il est supposé par les Philosophes qui suivent cette hypothèse, n'est guères sujet à de moindres difficultés. On suppose que le mouvement se fait dans un espace libre, dégagé de toute matière, qu'il y a de grands vuides de distance en distance, où se refugie la matière pressée, pour donner passage aux corps mûs. Mais qui est-ce qui rappelle cette matière de ce lieu vague où elle est supposée retirée, puisqu'elle cesse de communiquer avec le reste des corps créés qui n'ont plus d'action sur elle. Cet état est précisément le même que celui qui suivroit d'un véritable anéantissement. Si l'on suppose qu'il doive regner un certain équilibre dans l'univers, cet équilibre devroit perpétuellement être troublé par le séjour d'une partie de matière dans ces lieux vuides, puisque le corps, qui y auroit été transporté, ne contrebalanceroit plus ceux avec lesquels il devoit être en équilibre. Or il ne paroît pas possible de placer ces espaces vuides ailleurs que dans l'intérieur des corpuscules sphériques de la matière globuleuse, pour qu'on puisse en retirer tous les avantages qui résultent des lois de la communication des corps, en même-tems que l'on réunit tous ceux qui appartiennent à l'hypothèse du vuide. Car à mesure qu'un corps sera mû dans l'air, dans l'eau ou dans un fluide quelconque, il sera facile de concevoir que ce fluide renfermant dans ses pores des globules de la matière première, ces globules, poussés par le mobile, se retréciront, & par ce mouvement éloigneront d'autres globules & des parties solides du fluide, ce qui donnera lieu au mobile de se mouvoir. Cette explication du mouvement paroît d'autant plus exacte, que nous voyons en effet les parties de fluide, frappées par un mobile, se retirer dans elles-mêmes, & occuper moins de place qu'auparavant.

On voit encore qu'aucun corps ne pourra jamais pénétrer dans les espaces vuides des globules, & qu'immédiatement après que le mobile aura fait son trajet dans le fluide, les globules se distendront pour reprendre leurs mêmes dimensions & se remettre en équilibre. Car comme en cet état ils seront plus retrécis que les globules voisins, ils s'étendront aussi d'avantage par la force élastique, & plus considérable de leurs ressorts, & dèslors tout se rétablira dans l'état primitif.

Il résulte encore de la cavité des corpuscules sphériques que la force de tels corps sera proportionnée à leur surface, ou au quarré de leur rayon ou diametre, mais dans une raison inverse; celui qui aura deux fois plus de surface, ayant quatre fois moins de force, & ainsi de suite dans la raison renversée du quarré des rayons ou diametres. Car la force élastique peut être représentée par la surface sphérique des globules; & comme cette force augmente toujours à mesure que les surfaces diminuent, & que les surfaces sont entr'elles comme les quarrés des rayons; il s'ensuit qu'à mesure que le quarré du rayon croîtra, la force élastique diminûra. Cette force est la même que celle que nous avons nommée force centrifuge.

Ce ressort est d'autant plus sensible dans la nature, que c'est à lui seul que nous devons la cèssation des mouvemens passagers imprimés à la matière, & cette force d'inertie qui se manifeste dans tous les corps.

Dès que les pores d'un fluide doivent

être considerés comme pénétrés d'une matière animée par la force centrifuge, la résistance des milieux où les corps se meuvent, devient sensible. Je conçois dès-lors quel effort le mobile doit faire sur les parties du fluide qu'il choque pour les faire rentrer dans elles-mêmes. Cet effort sera d'autant plus grand que la force centrifuge sera plus grande ; c'est-à-dire que les globules seront plus petits, ou que le fluide, sous le même volume, renfermera plus de parties solides ; ce qui est toujours le même. Ainsi l'eau résistera plus que l'air, parce qu'elle a plus de force centrifuge qu'un pareil volume d'air. L'air condensé résistera plus que l'air dilaté, parce que sa force centrifuge est plus grande dans l'état de condensation que dans celui de dilatation. Un corps quelconque aura donc une certaine force pour demeurer au lieu où il se trouvera placé ; puisque de de toute part la force centrifuge agissant, fait effort contre les corps environnans pour les repousser : ce qui établit un combat d'action, d'où résulte un équilibre. Ainsi plus un corps renfermera de parties solides de matière, plus sa force centrifuge sera grande, & plus les fluides environnans agiront sur lui pour contre-balancer la force élastique de ses parties; ou la somme qui résultera de la force centrifuge de tous les globules, renfermés dans ses pores: donc plus ce corps opposera de résistance contre la puissance qui seroit établie pour le mouvoir.

La solidité ne sera donc autre chose que l'état des parties plus prèssées par la matière globuleuse que dans les corps fluides, où la condensation de parties à parties sera moindre. Les parties des corps solides étant plus rapprochées, l'action se transmettra plus rapidement d'une extrémité à l'autre que dans les fluides. Par conséquent un bâton poussé par un bout avancera en même-tems par l'autre, au lieu que le mouvement sera successif dans les parties des corps fluides, la matière globuleuse y étant moins comprimée, il y aura un trajet en pure perte que feront les globules en se repliant sur leur centre, pour acquérir la force nécéssaire pour pousser ceux qui les suivent. Cette force perdue diminûra à chaque instant la vitesse du mobile, qui finira par demeurer en repos, ou par perdre l'impression reçue au moment où il ne lui en restera pas assez pour vaincre la force centrifuge ou d'inertie des parties du fluide, lesquelles se trouveront sur son passage : au lieu que dans les corps solides, l'action se conserve en totalité par la tension plus grande des globules, & se transmet sur le champ d'un point à l'autre. La division d'un corps solide exigera par la même raison, plus de force que celle d'un corps fluide ; puisque tout y étant dans l'état d'une grande tension, & toutes les parties agissant en même-tems les unes sur les autres, elles se fortifient par ces efforts respectifs, & opposent plus de résistance.

Tout ce qui vient d'être dit du mouvement, de la solidité, de la fluidité & de la force centrifuge de la matière, émane directement de la doctrine que nous avons établie plus haut, touchant l'unité de matière, & la forme des parties du fluide élastique : en sorte que si ces principes établissent la nécéssité des conséquences, ces conséquences font sentir la vérité des principes. Nous ne voyons pas qu'il fût possible d'expliquer par un autre voie les choses dont on vient de parler. Et il est bien consolant de penser que c'est des livres sacrés seuls, que sort la semence de tant de connnoissances.

Il résulte donc de ce qui vient d'être dit, qu'immédiatement après la création de la matière globuleuse, plusieurs centres se formerent où cette matière alla circuler : des degrés de préssion s'établirent dans l'étendue, ce qui forma de nouveaux corps ; chaque orbe obéit à l'action de son foyer, & tourna sur lui-même : & cette action fut telle sur la terre, qu'elle acheva sa révolution en vingt-quatre heures. Le centre du monde étoit plus éclairé que le reste de l'étendue, à cause que la matière globuleuse y avoit son foyer : & la terre, en tournant sur son axe, présenta succèssivement dans les vingt-quatre heures ses différentes parties vers ce même point : ce qui fit une distinction bien marquée dans le même lieu d'une moindre clarté, qui fut appellée nuit, & d'une clarté plus grande qui reçut le nom de jour.

La terre & les autres corps du système planétaire commencèrent dès-lors leur révolution annuelle autour de leur centre particulier ; action produite par la combinaison de la force centripète & de la force centrale, dont tous ces corps naissans étoient animés.

Rien ne doit plus porter à nous abaisser devant l'Etre suprême qu'une combinaison si profonde dans l'établissement des lois primitives de la nature. Aucun moment de perdu pour mesurer le tems qui s'étoit écoulé depuis le prémier instant de la création. Car toutes ces actions étoient tellement liées & si dépendantes l'une de l'autre, qu'elles se suivirent sans interruption. Les corps planétaires furent formés, & mesurèrent le tems par leur révolution, immédiatement après que la masse lumineuse fut produite.

On voit qu'à mesure que nous approfondissons l'ouvrage des six jours, le système de l'univers se développe. La cause immédiate de la rotation des planettes a échappé aux recherches des plus grands Philosophes. Ceux qui adoptent les lois de l'attraction ont reconnu que ce mouvement n'avoit aucun rapport à leur principe, & devoit procéder d'une autre cause. Nous verrons dans la suite de cet ouvrage que c'est le même pouvoir qui agit toujours, & qu'il n'existe, ni ne peut exister d'effets dans la nature, qui n'en puissent émaner immédiatement.

La formation des foyers au centre du monde & au centre des corps planétaires, nous a montré l'existence d'un nouvel élément. C'est le feu qui résulte toujours de la réunion précise des filets de la matière globuleuse dans un même point. Dès-lors l'action de cette matière augmente par la rotation des parties autour d'un rentre, & son imprèssion autour des corps extérieurs en est d'autant plus forte. Cet élément ne sera donc que la matière globuleuse rassemblée dans un point, siége de son foyer. Par là s'explique le feu central de la terre, dont tant de Philosophes ont parlé, mais dont aucun n'a donné la formation physique. Nous voyons en conséquence pourquoi les eaux sont chaudes en divers lieux, pourquoi des feux s'allument de distance en distance au sein de la terre, ces révolutions qui arrivent dans les parties internes de l'élément arride, l'origine des tremblemens de terre, celle des mineraux, & une infinité de faits qui doivent suivre de l'établissement d'un feu central.

L'idée du feu élémentaire une fois développée, nous ne serons plus exposés à admettre dans le ciel une matière terrestre pour lui servir d'aliment, à l'exemple de ce qui se passe sur la surface de notre globe. Le feu conserve toujours sa nature propre. Nous avons montré qu'il n'étoit autre chose que la réunion d'un certain nombre de globules au même point. Il existera donc indépendamment de toute autre matière, & dès-là nous pourrons l'appeller feu élémentaire, pour le distinguer du feu terrestre, c'est-à-dire, de celui qui établit son foyer dans des corps particuliers, pendant tout le tems qu'ils subsistent sous une certaine forme.

Nous comprendrons aussi qu'en frottant des parties de matière l'une contre l'autre, l'action du frottement agitera le fluide élastique, renfermé dans les pores de cette matière, les globules plus agités se heurteront, & il se formera un point de concours, un foyer dans un des pores, lequel sera le centre de tous les globules qui iront successivement circuler autour, d'un pore à l'autre, & à mesure que l'action de la force centrifuge s'étendra. L'on voit que dans cette circulation continue, des parties fort petites de la matière réelle du corps doivent s'en détacher successivement. Car il suit des principes dont nous avons parlé plus haut, touchant la pesanteur, qu'un corps plongé dans un fluide quelconque, ne pourra demeurer dans ce fluide qu'autant que les globules, renfermés dans ses pores, seront de même dimension que ceux du fluide. Alors les efforts étant égaux, tout reste en équilibre ; mais si le corps renferme des globules plus étendus que ceux du fluide, ces derniers ayant plus de force centrifuge que les autres les repousseront au loin, & le corps montera. Si au contraire les globules du corps plongé sont moins étendus, la force centrifuge en étant plus grande, le corps descendra, puisqu'il écartera au-dessous les parties de fluide qui l'avoisineront & qui lui livreront passage. Ceci est une suite de la loi de la pesanteur dont nous avons parlé, par laquelle tout corps est poussé vers un centre ; mais tous n'y sont pas poussés également, nageant dans un même fluide ; car les plus légers monteront & les plus pesans descendront, à proportion que sous le même volume ils pèseront moins ou plus que le fluide dans lequel ils sont plongés. Où, ce qui revient au même, à proportion que sous le même volume ils renfermeront moins ou plus de matière réelle, & que les globules qui seront dans leurs pores auront plus ou moins de force centrifuge que ceux qui sont renfermés dans un égal volume du fluide. Par conséquent nous devons regarder la fumée qui s'exhale du sein d'un corps enflammé, comme une portion d'un liquide fort raréfié par l'action du foyer, & qui se trouvant plus légère qu'un pareil volume d'air, montera au lieu de circuler autour de ce foyer, à l'action duquel l'inégalité de la force centrifuge l'aura dérobée. La cendre au contraire, plus pesante qu'un pareil volume d'air tombera & sera aussi soustraite à l'activité du tourbillon flammaire, par le même principe. Et cette action se continûra jusqu'à ce que la matière globuleuse cesse d'avoir dans le corps enflammé des parties solides, pour assujéttir les globules sphériques autour du même foyer. Car au moment où elle ne sera plus préssée que par l'air extérieur, les globules se distendront, se remettront en équilibre avec ceux qui sont enfermés dans les pores de ce fluide, & le foyer s'évanouira.

Ce qui vient d'être dit du frottement de deux portions de matière, aura également lieu à l'égard d'un corps enflammé présenté à un autre corps. L'action du foyer de ce prémier mettroit en mouvement la matière globuleuse contenue dans les pores du second, & y établiroit encore plus promptement un foyer qui auroit des effets semblables à ceux dont on vient de parler.

La manière dont on a expliqué l'origine du feu & ses divers effets, doit nous faire sentir qu'il peut y en avoir de plus ou moins actif; tout dépendant des dimensions des globules du corps où seroit le siège du foyer. Si ces dimensions sont grandes & les surfaces sphériques fort étendues, le feu en sera à proportion moins actif. La paille, par exemple, plus poreuse que le bois, a un feu plus pâle, moins vif. Le fer rougi a plus d'action que le bois enflammé. Le feu du tonnerre est tantôt plus fort, tantôt plus foible, suivant que son foyer est placé sur un corps plus ou moins dense. C'est ce qui fait que souvent la flamme de ce feu ne brûle point. Il s'éleve quelquefois du sein des mers, après de violentes tempêtes qui auront excité la matière globuleuse, des corpuscules fort raréfiés de matière aqueuse. La flamme de ces météores est pâle, & l'activité si foible qu'elle paroît destituée de toute chaleur. Le corps sur lequel le foyer de ce feu est établi étant moins pesant que l'eau & aussi léger que l'air, nage dans ce fluide, jusqu'à ce qu'il soit consummé.

L'acte de la vision s'opére par un effet à peu près semblable. La matière globuleuse, renfermée dans les pores des corps qui nous environnent, étant frappée par l'action du Soleil, ou d'un corps enflammé, sous une certaine obliquité, transmet cette action dans nos yeux, en pressant succèssivement d'autres globules : la forme arrondie de cet organe, & les différentes matières liquides qu'il renferme, brifent les rayons de lumière, & les réuniffent au fond de la Rétine, fiége d'autant de foyers qu'il part de rayons de chaque point de la furface des corps que nous appercevons. Ces foyers peignent d'abord l'image au fond de l'œil, entretiennent le mouvement de la matière globuleufe, qui fans cela fe mettroit en équilibre & opérent l'impreffion de tout l'objet extérieur, de même que feroit le fens du toucher: & nous fommes dès-lors avertis que tel objet exifte dans tel endroit.

Si aucun foyer n'étoit formé fur la furface de la Rétine, il eft bien évident que nous ne recevrions aucun fentiment par l'organe de la vûe. La matière globuleufe fe mettroit en équilibre dans le fond de l'œil; le mouvement en conféquence cèfferoit, & dès-lors plus d'impreffion, plus de vibration, & par conféquent aucune fenfation.

Une des plus fortes preuves de l'exiftence de cet agent actif, répandu partout, c'eft fa réflexion même. De nouvelles expériences ont confirmé que la lumière se réfléchissoit non de la surface des corps, mais de leurs pores. Or si rien n'existoit dans ces pores, il est bien sensible que la lumière y pénétreroit, & qu'alors elle ne seroit plus refléchie. Il faut donc qu'il y ait un corps; ce corps quel qu'il puisse être, doit être élastique pour imprimer l'action nécèssaire à la refléxion, & par conséquent il sera de même nature que celui dont nous parlons.

Fig. 5. Soit un objet lumineux A, une surface CD, l'angle d'incidence AOD, celui de refléxion COB. Je dis que ces deux angles doivent toujours être égaux, ainsi que l'expérience le démontre. Car le globule G venant frapper obliquement le globule F, à l'orifice du pore O, le globule F se repliera sur lui-même, en obéissant à l'action qui le presse, dans le sens OF, de manière que OF deviendra OE, comme il arrive à une boule, qui poussée dans un sens oblique à son diamétre, se prête au mouvement qu'elle reçoit en tournant sur elle-même.

AVEC LA RAISON. 73

même : or le point F ne pourra aller qu'au point E, à cause de la préssion plus forte dans la direction AF, & de la résistance des parois intérieurs du corps, sur lesquels les rayons tombent. Mais le point F, ayant atteint le point E, le ressort devant se rétablir dans le sens EO==FO, au moment où F sera en E, rien ne s'opposant plus au rétablissement de ce ressort, il se distendra dans la direction OB & poussera par conséquent le globule G, qui sera placé sur la ligne BO, par la place que lui aura laissé F en se retrécissant ; il le poussera, dis-je, dans la direction OB. & partant l'angle d'incidence sera égal à celui de refléxion, puisque les arcs EO, FO seront toujours égaux ; & la même chose ayant lieu à l'égard de la ligne de globules, qui prendront la même route, l'on voit qu'ils obéiront tous à la même loi. Par quel autre principe pourroit-on rendre compte d'un tel phénomène ? Les rayons incidens glissent sur la surface de la matière réelle des corps jusqu'à ce qu'ils aient atteint ses

D

pores, à cause que cette partie n'étant douée d'aucune force est dépourvûe de toute action, & qu'il en faut une pour opérer la refléxion. Et voilà pourquoi la lumière jaillit du sein des pores de la matière, puisque c'est-là que résident des parties du fluide élastique.

Les yeux des Hiboux, des Chats-huants, & nombre d'autres Phosphores nous renvoyent dans un tems obscur des rayons de lumière. Ce qui prouve que la réfraction, sous un petit angle, peut former des foyers dans certain corps, tandis que d'autres en seront dépourvûs. Alors l'action de ces foyers mouvant la matière globuleuse de l'air, ébranle celle de nos yeux, y forme des foyers dont l'action est proportionné à celles des foyers de ce corps, & nous procure une clarté foible qui nous les fait distinguer à une certaine distance, ainsi que quelques objets placés auprès de nous.

Un coup reçu à la tête, pendant la nuit la plus sombre, produit le même effet. La matière globuleuse étant vivement ébranlée, nous fait voir mille rayons de lumière en un instant. Et si la cause qui produit cet effet, subsistoit, l'effet subsisteroit aussi. Tout cela prouve très démonstrativement qu'il faut admettre un autre principe que celui de l'attraction, si nous voulons parvenir à expliquer les effets de la nature. Car l'attraction ne peut opérer la refléxion qui est un effet tout opposé à ceux qui devroient suivre de ce principe.

CHAPITRE V.

Formation de la Matière Céleste. Second Jour du Monde.

LA lumière étant produite, & par la lumière le feu, l'eau, la terre, l'air & la matière des Planettes, il devenoit indispensable de modérer l'action trop forte du fluide élastique. Aucun corps n'étoit interposé pour en briser les rayons, les diviser en plusieurs filets d'une épaisseur insensible tant pour en diminuer la puissance que pour colorer l'univers d'une multitude de couleurs différentes, par les divers brisemens de ces rayons. Presque tout l'univers avoit été créé dès le prémier jour; il n'étoit plus question que d'entretenir les choses dans un certain équilibre de force, & moins de puissance suffisoit à une moindre opération. Les germes de toutes les plantes qui devoient exister, avoient été produits par l'action plus forte de la matière globuleuse répandue dans l'air, dans l'eau & dans la masse terrestre; tout étoit préparé pour leur prochain développement. Le mouvement de rotation de la terre avoit produit des inégalités sur sa surface par le mouvement imprimé à l'eau qui la submergeoit; des abîmes avoient été creusés, des montagnes formées qui conservent encore dans leur sein des traces sensibles de cet ancien séjour des eaux. Il est même probable que la terre fut alors entierement détrempée par l'élément liquide, & ne se forma en masse que par le mouvement de rotation de toutes les parties d'air, d'eau & de terre, autour du foyer central ; d'où nâquit fa figure élipfoïde, plus élevée vers l'équateur que près des poles, à caufe du mouvement qui étant plus rapide vers le centre y éleva les eaux, & les parties terreftres qu'elles entraînoient dans leurs cours à une hauteur plus grande que vers les autres points de fa furface. Une infinité de productions marines dûrent alors fe trouver répandues fur toutes les parties de la terre, dans les lieux hauts, comme dans les lieux bas. Des cavités intérieures fe formerent dans fes entrailles, & enfermerent des maffes d'eaux confidérables, qui forment la fource des fontaines, des rivieres, des fleuves & des mers, & qui font conftament entretenues par les pluyes, les neiges & les brouillards, qui s'élevant en vapeurs de fon fein, fe répandent fur tous les points de fa furface.

Cette formation de la terre, par le mouvement de rotation des eaux, eft d'autant plus vraifemblable que l'écriture nous avertit en plufieurs endroits que *l'esprit de Dieu étoit alors porté sur les eaux*, & que l'histoire naturelle nous montre par-tout des productions de cet élément.

La manière dont les corps se trouvent placés, les plus legers étant toujours plus loin du centre, est encore une preuve de cette vérité. Car dans un mouvement, qui étoit commun à toutes les parties de la masse, les corps les plus denses dûrent s'approcher plus du centre que les autres. Aussi la terre est-elle au-dessous des eaux, & les eaux au-dessous de l'air.

Il est probable que les autres parties de l'étendue ont été arrangées par le même principe: car le foyer du monde doit être à l'égard des parties de la masse totale, ce que le foyer de la terre est à l'égard des parties de la terre; & ce dernier foyer ayant placé chaque portion de la masse terrestre au lieu qui lui convenoit, le foyer de l'univers aura vraisemblablement operé le même effet à l'égard des parties du monde. En sorte qu'à mesure que les globes que l'univers renferme ont été composés d'une matière plus compacte, ils se sont plus approchés du centre général. Les parties qui composent le corps de chaque Planette ayant aussi obéi à l'action de leur foyer particulier se seront arrangées de même. Ce sera donc à la force de rotation de chaque orbe planétaire qu'il faudra rapporter l'arrangement de leurs parties ; chaque tout ayant été soumis à l'action de son foyer.

Mais enfin cet ordre ayant été établi au prémier jour, & la puissance de la matière globuleuse devant être diminuée, comme nous venons de le dire, le ciel ou firmament nâquit au second jour de l'évaporation prodigieuse qui dût se faire par l'action de la matière globuleuse sur les eaux. Des parties de ce fluide ayant été extrémement rarefiées, s'éleverent de proche en proche vers la région supérieure du monde. L'évaporation qui se fit sur notre globle de toute la partie excédente de ce fluide, alla remplacer celle qui s'étoit faite sur un globe voisin ; & de celui-ci à un autre, & ainsi dans cet ordre, en remontant d'un globe à l'autre : en forte qu'au même inftant la matière célefte, à laquelle l'Ecriture donne le nom de ciel ou firmament, fut produite. La rapidité d'un tel mouvement n'a rien qui doive étonner dans les circonftances où il fût exécuté, fi l'on fait attention à l'extrême légéreté des parties raréfiées du fluide, laquelle les rendit plus propres à l'activité du mouvement & 1 peu de réfiftance qu'elles durent trouver dans le milieu où elles étoient mûes, & qui diminuoit encore à mefure qu'elles s'éloignoient du centre. L'on compte que l'impreffion du Soleil fur la terre fe manifefte dans l'efpace de 7 à 8 minutes ; mais fi nous retranchions la réfiftance qu'oppofe la matière célefte, celle de l'air groffier, il eft très-apparent que cette impreffion feroit à peu de chofe près inftantanée. Or l'air groffier qu'on peut même fuppofer s'être alors formé, ne doit point être compté au nombre des caufes qui auroient retardé la vîteffe avec laquelle les parties d'eau s'éleverent. La matière célefte n'étoit point créée ; ainfi ce mouvement a pû avoir fon effet dans un inftant, & par conféquent la maffe des eaux être féparées, comme il eft dit dans l'Ecriture, en eaux fupérieures, c'eft-à-dire en firmament, ciel ou matière célefte, & en eaux inférieures, qui font celles de la terre, ou qui peuvent fe trouver fur la furface des autres Planettes.

Cette matière une fois placée dans l'étendue, il eft aifé d'appercevoir que fa principale fonction fut de divifer la lumière comme elle l'eft par un prifme, & d'en diminuer la force. Par-là elle ne parvient plus fur la furface des corps planétaires fans s'être brifée, divifée de mille manieres.

Enfin la maffe terreftre débaraffée de cette portion d'eau furabondante, dont elle étoit couverte, & qui coula dans les lieux bas, parut dès le troifiéme jour : les eaux raffemblées formerent les mers, les fleuves & les rivieres : & la furface de la terre fe mon-

D v

tra couverte de plantes & d'arbres de toute espéce, à cause que l'action primitive de l'eau & de la matière globuleuse avoit tout préparé au prémier & au second jour pour une génération si prompte. S'il faut aujourd'hui un an ou environ, pour opérer le développement des germes, l'on sent qu'avant l'existence de la matière céleste, où la lumièie avoit une action plus directe sur les corps créés, cette opération a pû être faite dans un espace de tems fort court. Nous imitons dans des expériences de physiques cette rapidité d'action. Des végetaux poussés par l'action d'un foyer artificiel, acquérant en quelques heures leur entier développement.

La lumière étant réfractée & réfléchie de mille manières, par l'interposition du firmament, une multitude de foyers ou points de concours dût se former dans son sein. Ce corps faisant l'office d'un verre ardent, dont le propre est de rassembler les rayons de lumière dans un point central. Dès-lors le sein de la matière céleste rayonna de tous côtés. Des astres sans nombre y furent formés. Ce qui fut exécuté au quatrième jour. Et comme la réfraction de la lumière en avoit changé la direction, principalement vers la partie supérieure du monde, où cette matière s'étoit rassemblée dans des foyers particuliers ; il étoit indispensable de donner un foyer commun à ces différens foyers. Ce qui forma le soleil vers le centre du monde. Cet astre avoit d'abord existé en même-tems que la lumière eut sa direction au centre de l'univers ; mais la matière céleste, lui ayant derrobé une partie de sa substance en la transportant en d'autres points de l'étendue, il exista en quelque sorte de nouveau, à mesure qu'il devint le foyer commun de tous les astres nouvellement formés, & que la lumière lui parvint par une autre route, après qu'elle eut passé par le firmament. Car remarquons qu'au moment où les étoiles furent formées, l'univers eut plusieurs centres ou points de concours. Quantité de rayons ne parvinrent plus au centre général, qui perdit au moment de l'existence du firmament, cette masse lumineuse, d'où se formerent les différens astres qui y brillerent au quatriéme jour. Or cette lumière ayant été restituée à ce centre, il fut en quelque sorte nouvellement créé. Et voilà pourquoi Moyse en parle au quatriéme jour du monde comme d'un objet récemment produit.

Nous ne devons donc point être étonnés actuellement, si des astres formés sur ce principe paroissent tantôt plus, tantôt moins éclatans, si plusieurs ont disparu tout d'un coup, d'autres par des progrès insensibles, si les taches du soleil sont si variables. Comme tout est lié dans l'univers, la moindre altération arrivée dans un point de l'espace, est capable de changer en tout ou en parties les poinrs coïncidens de la lumière, & d'opérer tous ces effets. Dès que des astres peuvent cèsser d'être visibles, d'autres peuvent se présenter à nous pour la prémière fois, comme il est souvent arrivé. Si jamais nos Telescopes se perfectionnent, il est très-apparent que de nouveaux astres seront découverts. Comment pouvoir expliquer par une autre voie des changemens si extraordinaires arrivés dans le ciel ? Si les astres étoient de la nature qu'on les suppose, des corps solides, destinés à être perpétuellement embrasés, comment repareroient-ils les pertes immenses qu'ils éprouvent à chaque instant, & comment s'en formeroit-il de nouveaux dans l'étendue, sans que nous éprouvassions quelque révolution extraordinaire sur notre globe, par la liaison que les parties du monde ont entr'elles. Au lieu qu'en ne les formant que par un concours de la matière globuleuse au même point, aucune difficulté à combattre ; tout s'explique de la manière la plus simple & la plus naturelle. Tout astre n'est qu'un amas de matière globuleuse, rassemblée dans un point. Et il ne peut résulter qu'embarras de supposer cette matière unie à des corps inflammables.

CHAPITRE VI.

Observations plus étendues sur la Pesanteur.

IL semble qu'après avoir montré au Chapitre III. que la pression de la matière globuleuse, en équilibre avec elle-même, avoit eu son effet vers divers centres, nous ayons suffisamment établi la nécessité de l'impulsion générale des corps vers ces points centraux. Néanmoins pour ne rien laisser à desirer sur un objet si important, nous avons crû devoir entrer dans un détail plus circonstancié de ce phénomène.

L'on a déja vû qu'un état de tension dans les globules de la matière prémière, supposoit nécessairement un mouvement perpétuel au centre général, une force centrifuge, en un mot, capable de comprimer les corps sphériques d'une manière propre à leur fournir les reſſorts dont nous les voyons pourvûs. Car à meſure que les filets de ces corpuſcules ſphériques feront plus repliés ſur leur centre particulier, ils ſe comprimeront d'avantage les uns les autres, & feront plus d'effort pour ſe diſtendre ; d'où naîtra leur force élaſtique, proportionnée au degré de tenſion. Il eſt impoſſible de pouvoir ſe former une autre idée de la force élaſtique d'un corps quelconque à reſſort. Cette force dans un tel corps ſuppoſe néceſſairement un fluide, tel que celui dont nous parlons, & dans la ſituation où il eſt ici repréſenté. Par conſéquent nous ne devons jamais perdre de vûe l'état de violence où eſt perpétuellement la nature. Et quand on dit que les parties d'un fluide ſont en équilibre, il faut toujours entendre un équilibre d'action, un effort égal de l'une contre l'autre, qui opére le repos, comme deux hommes qui ſe pouſſeroient violemment avec des forces ſemblales.

Tout corps fluide, étant ainſi repréſenté, l'on voit qu'en remplaçant un volume d'un certain nombre de ses parties par un corps qui renfermeroit sous la même surface plus ou moins de cette force élastique, qui pousse les parties l'une contre l'autre, l'équilibre seroit nécessairement troublé, puisqu'il y auroit un combat d'une force plus grande contre une force moindre; or un effet quelconque résulteroit de cette inégalité d'action. Ce corps doit être considéré comme prèssé de tous côtés, & de-là l'effet se fera toujours en suivant la ligne de moindre résistance, qui sera la perpendiculaire abaissée ou èlevée du centre de gravité du corps plongé dans le fluide; puisqu'une direction oblique, soit en montant, soit en descendant, présenteroit un plus grand nombre de globules à combattre, dans les parties du fluide, & par conséquent plus de force centrifuge à surmonter. Si l'on suppose que le corps passe d'un milieu dans un autre, comme de l'air dans l'eau, dans l'hyothèse d'une supériorité de force centrifuge sur un égal volume d'eau; ce corps, en touchant la superficie de l'eau, imprime tout son mouvement aux parties qu'il choque, & doit dès-lors être consideré comme sans action, sa force sera transmise aux parties contiguës de la superficie lesquelles monteront à proportion que le corps plongé descendra. Car les prémières choquées, acquerant par-là plus de force centrifuge, feront monter en se distendant, celles qui en ont moins; & celles-ci acquerant la même force, frapperont en se distendant les parties d'air dont elles viendront occuper la place, & ces parties d'air plus resserrées que celles qui les avoisinent, qui occuperont successivement la place que le mobile laisse libre, à chaque moment de sa descente, le frapperont, en se distendant pareillement pour se remettre en équilibre, avec la même force que celle qu'il aura communiquée aux prémières parties choquées, & alors le mobile descendra. Quand ce corps sera totalement submergé, les colonnes d'air & d'eau, qui seront au-dessus, se remettront en équilibre; mais les volumes d'eau qu'il déplacera continuellement en descendant, étant successivement poussés par l'excès de sa force centrifuge sur un pareil volume de fluide, le volume qui occupera sa place, le pressera avec cette même force, ce qui le fera descendre de nouveau, & ainsi de suite jusqu'à ce que le mobile ait atteint le fond de l'eau. Par conséquent un corps plus fort en force centrifuge qu'un pareil volume de fluide, tombera dans le fluide en suivant la perpendiculaire, abaissée de son centre de gravité. Or comme tous les corps de l'univers renferment plus de force centrifuge qu'un pareil volume du fluide globuleux, dans lequel nous les supposons tous nager, puisque les parties solides de ces corps empêchent les globules de se distendre, autant qu'ils le feroient, si rien ne leur faisoit obstacle; il s'ensuit que la matière céleste, & celle qui compose chaque sphère, tendront continuellement vers un certain point du monde. Et si nous donnons à l'univers une figure sphérique, ce point sera nécessairement le centre de cette sphére, puisque toutes les perpendiculaires abaissées des points de sa surface, passeroient par ce point central. Partant le foyer du monde sera en même-tems celui de la tendance universelle de chaque orbe planétaire.

L'on voit par ce qui vient d'être dit, comment un corps, mû dans un fluide, continue son mouvement, alors-même qu'il n'est plus poussé, sa force passe successivement dans les parties de fluide qu'il déplace. Celles-ci poussent à leur tour le mobile avec une force un peu moindre que celle qu'ils avoient reçue, puisqu'il faut en retrancher la partie que leur inertie ou leur force centrifuge a enlevée dans le choc, & cette transmission, restitution & soustraction de force, continuant toujours, l'on apperçoit clairement la cause physique de la continuité du mouvement, & sa perte totale, opérée par une diminution successive.

Le seul état d'un mobile, mû dans un fluide, prouve très-clairement tout ce que nous avons avancé jusqu'à présent. Car comment ce mobile pourroit-il être mû, si tout étoit exactement plein ? Donc le vuide existe. Comment le mouvement pourroit-il s'affoiblir progressivement, si les parties du fluide choquées n'opposoient pas une certaine résistance, & ne faisoient pas un chemin en pure perte, en se repliant sur elles-mêmes. Donc elles doivent se resserrer avec une vîtesse égale à l'impression reçue. Et partant le vuide doit se trouver répandu dans toutes les parties du fluide, puisqu'un corps quelconque, petit, moyen, grand, pourra être également mû, & que le mouvement finira de même. Comment le mobile après avoir transmis toute son action aux parties de fluide qu'il choque, pourroit-il continuer de se mouvoir, si ces mêmes parties en se remettant en équilibre, ne le poussoient avec une force à peu près égale ? Et comment enfin ces parties choquées pourroient-elles restituer si promptement cette action reçue, si elles ne sont pas mûes par une puissance parfaitement élastique, dont les ressorts se rétabliront avec la même vivacité qu'ils auront cédé.

Mais il ne fera pas inutile de remarquer que les corps particuliers de chaque sphére, ont chacun leur centre de gravité, indépendant de celui de la sphére qui les contient, c'est-à-dire qu'il existe dans tous, un point, par lequel ces corps étant suspendus, leurs parties servoient en équilibre. C'est dans cet état précisément que consiste la solidité de la matière. Or cette solidité suppose dans l'origine une comprèssion égale dans tous les points de la surface des corps vers leur centre particulier de gravité. Ainsi un rocher, par exemple, doit être considéré comme formé, dans le principe, par des efforts de la matière globuleuse vers le centre de gravité de la portion de la matière originelle, d'où il a été tiré ; mais ces efforts étant contraires, à mesure que quelque chose opéroit la prèssion de haut en bas, quelqu'autre chose a dû prèsser de bas en haut. Et à mesure que l'une de ces deux forces a été plus forte dans un point que dans un autre, le centre de gravité a été placé plus près ou plus loin du centre particulier des corps. Pour ne parler que des corps de notre globe terreſtre l'on ſent qu'il eût été impoſſible que la ſolidité s'établît jamais dans la matière ſans l'action du foyer de la terre en oppoſition avec celui du ſoleil, ou du moins que cette ſolidité ſe feroit formée bien loin de cet aſtre, après la naiſſance des étoiles. Car celles-ci prèſſant de la circonférence vers le centre & le ſoleil du centre à la circonférence, l'égalité des deux forces, laquelle auroit fixé le centre de gravité des ſolides fort loin du ſoleil, auroit produit des corps beaucoup plus légers que ceux de notre planette : mais les centres de prèſſion étant plus rapprochés, une ſolidité convenable au ſyſtême de notre planette en eſt provenue.

Ainſi il faudra donc que nous admettions, que la prèſſion du ſoleil vers la terre, & celle du centre de la terre vers le ſoleil, ont formé tous les corps ſolides & fluides de notre globe, ainſi qu'il a déja été dit, cette action s'étant combinée avec les foyers particuliers à chaque corps. Ces corps auront chacun leur centre de gravité, qui est le point où il faut supposer ramassée leur force absolue. Et la terre qui est le résultat de tous ces corps, aura aussi le sien, au point où la force centripète les dirige. Car observons, que si ces corps n'avoient aucun centre de gravité, ils n'auroient nulle pesanteur, nulle tendance ; ils ne formeroient plus un tout renfermé sous une certaine étendue limitée. S'ils tendoient vers différentes parties du monde, les uns par exemple en bas, les autres en haut, la terre n'auroit pas tout son poids. C'est donc une nécessité que du centre de chaque corps particulier, il se forme un point commun, qui soit le centre général de la terre, comme du centre de gravité de chaque portion d'un tout il se forme un centre commun, d'où résulte la force totale de ce tout. Mais pour expliquer l'origine physique de cette tendance des graves au centre de la terre, il ne sera question que de trouver la ligne de moindre réſiſtance, qui eſt celle que doit invariablement ſuivre tout corps plus fort en force centrifuge, qu'un pareil volume du fluide dans lequel il eſt plongé, & qui en même-tems eſt prèſſé de toute part. Or il eſt conſtant, par-ce qui a déja été dit, que l'action du foyer général prèſſe vers le centre de la terre ; le foyer de la terre prèſſe vers le ſoleil, par conſéquent un mobile quelconque, nageant dans l'air, & plus peſant que ce fluide, ſera pouſſé de tout côté & ſon effet ſe fera du côté le plus foible. Or puiſque la terre renferme des corps ſolides, que ces corps ſont ſuppoſés formés par l'action oppoſée des foyers du ſoleil & de la terre, c'eſt une preuve que partout où il y aura de la ſolidité, l'action de ces deux foyers aura été égale, & partant les parties y ſeront en équilibre, une force égale les prèſſant de haut en bas & de bas en haut, elles ſeront enchaînées l'une à l'autre, & ne peſeroient ni au centre du monde, ni vers celui de la terre, dans le cas d'une égale ſolidité entre ces corps ; puiſque la force centrifuge

centrifuge seroit par-tout égale. Mais comme cette force varie, que les uns en ont plus & les autres moins, que l'air, par exemple, en contient plus que le fluide élastique dans lequel il nage, & l'eau plus que l'air, & la plûpart des corps solides plus que l'eau, l'on voit que tous les corps qui seront dans le fluide élastique, en équilibre avec lui-même, tout autour de la terre, tendront par rapport à lui au centre de cette planette, qui est le point où conduiroit la ligne de moindre résistance, puisqu'il est constant que leur excès de force centrifuge sur un pareil volume de matière globuleuse, les fera descendre par la perpendiculaire. Ceux qui auront plus de force centrifuge que l'air, tomberont également, nageant dans ce fluide, en suivant la même ligne.

Sans l'existence du feu central de la terre, en équilibre avec celui du soleil, il est aisé de voir que les corps particuliers de notre globe, au lieu d'être poussés vers le centre de la terre, le seroient vers le soleil. Car il n'y auroit aucune raiſon pour que les parties ne fuſſent pas ſoumiſes aux lois du tout. Alors l'air, l'eau & autres corps de la terre ſe ſépareroient les uns des autres, & formeroient un tout particulier dans l'étendue. C'eſt donc à cette force centrale de chaque orbe planétaire, qui opére la rotation, qu'il faudra rapporter la ſolidité de leur partie, & leur commune impulſion vers le centre de ces orbes.

Mais puiſque chaque orbe planétaire a ſon foyer particulier, que ces foyers ſont tantôt plus près, tantôt plus loin, ils doivent néceſſairement agir les uns ſur les autres, à raiſon de tous ces divers changemens. Prémiérement, il faudra reconnoître que puiſque les Planettes principales doivent avoir été formées par l'action de leur foyer, combiné avec celui du ſoleil, de même les Planettes inférieures ſeront le réſultat du combat du foyer de leur planette principale avec celui qui leur eſt propre, le tout combiné avec le foyer général, & celui de chaque orbe planétaire en particulier. Les ſatéllites de Jupiter, par exemple, tournant sur eux-mêmes, ont nécèssairement un foyer : ce foyer en opposition avec celui de Jupiter, du Soleil & des autres orbes voisins, a comprimé dans l'origine la matière globuleuse, de manière que la solidité particuliere à ces orbes est née de toutes ces combinaisons. La solidité de la planette principale est aussi née du résultat des forces combinées du soleil, du foyer de chaque orbe voisin & du sien propre. Car toutes ces puissances étoient en action lors de la formation de ces corps. Leur solidité dépendra donc de ces résultats.

Cette solidité sera donc différente de globe à globe ; & comme elle n'est dans le principe, ainsi qu'il a été dit plus haut, que l'impulsion d'une quantité plus ou moins grande de matière, vers le centre commun de gravité de chaque orbe, l'on voit la nécéssité que tous ces globes soient poussés les uns vers les autres, à proportion de leur quantité de matière, toujours proportionnée à la force de leur foyer respectif.

E ij

Toutes les parties de l'étendue doivent perpétuellement être placées entre les foyers qui ont présidé à leur formation. L'air, l'eau, & les parties solides de la terre sont placées entre le foyer particulier de la terre, celui de la Lune & le foyer général. Celles de la Lune sont entre le foyer particulier de cette planette, celui de la terre, & celui du Soleil, & ainsi des autres parties des corps planétaires.

L'équilibre des parties fluides ou solides des corps contenus sur la surface de ces orbes, sera toujours dépendant du dégré de prèssion des foyers respectifs des orbes voisins. Ainsi l'équilibre sur notre globe, par exemple, résulte de l'égalité de la force du foyer de la terre avec celle du foyer du Soleil & de la Lune prises ensemble : l'équilibre sur la Lune résulte de l'égalité de la force du foyer de cette Planette, avec le foyer du Soleil & de la terre combinés. Il en est de même des autres orbes. D'où il suit que les foyers étant mobiles dans l'étendue, à mesure que la terre s'approchera plus de la Lune, la force de son foyer agissant de plus près augmentera son effet, & le foyer de la Lune restant toujours le même, ne sera plus en équilibre avec les foyers respectifs de la terre & du soleil. Elle s'approchera donc alors de cet astre, pour s'éloigner de la terre, & se remettre en équilibre. Mais comme l'orbe Lunaire est mû dans un fluide plus léger, sa pesanteur, comme nous le dirons bientôt, le rapprochera de la terre; & l'équilibre étant de nouveau troublé, ces deux corps se fuiront encore : en sorte que continuellement ils s'approcheront, & continuellement aussi ils s'éloigneront l'un de l'autre. La marche de la terre troublera le mouvement de la Lune, & celle de la Lune troublera le mouvement de la terre.

La même analogie doit avoir lieu à l'égard des autres Planettes combinées avec leurs satellites; l'équilibre des parties solides & fluides de Jupiter dépendra de la prèssion des foyers respectifs du Soleil, des satellites de Jupiter & de tous ceux des globes voisins.

Il en sera de même de ceux de Saturne, relativement à Saturne, ceux de Mercure, de Venus & de Mars seront soumis aux mêmes lois. On doit même regarder en rigueur la solidité de chaque orbe planétaire comme résultant de l'équilibre formé entre son foyer particulier & ceux des autres orbes pris ensemble. Mais pour ne pas rendre ce calcul trop compliqué, nous avons négligé l'action des globes éloignés, pour nous restreindre à ceux dont l'effet est plus sensible. Tous les globes seront donc poussés l'un vers l'autre, & quand ils se seront rapprochés jusqu'à un certain point, ils s'éloigneront pour se remettre en équilibre. Mais cet équilibre ne pouvant subsister un instant à cause de la pesanteur de leurs parties, mûs dans un milieu plus léger, il y aura un mouvement perpétuel entr'eux, qui opérera leur révolution annuelle autour de leur centre particulier, ou du point vers lequel la pesanteur les entraîneroit, s'ils étoient entiérement libres.

Pour rendre cet effet encore plus

palpable, prenons le mouvement de la Lune pour exemple. La voilà considerée dans le moment où après s'être trop éloignée du Soleil elle doit s'en rapprocher ; ce globe étant poussé vers la terre par l'effet de sa pesanteur, n'a plus son foyer en équilibre avec ceux du soleil & de la terre ; le prémier agit de trop loin, & le second de trop près. Qu'en arrivera-t-il ? La matière globuleuse étant plus resserrée dans l'espace qui est entre la Lune & la terre, qu'elle ne l'est entre le Soleil & la Lune, cherchera à se mettre en équilibre. Ce qui ne se pourra qu'autant que les diametres des corpuscules sphériques deviendront moins inégaux. Il faudra donc qu'ils se distendent dans l'espace qui regne entre la terre & la Lune. Cette distension éloignera ces deux globes l'un de l'autre, & rapprochera par conséquent la Lune du Soleil ; mais au moment où les dimensions des surfaces sphériques seront moins inégales, & que l'équilibre sera presque rétabli dans les parties du fluide globuleux, la Lune va se rapprocher de nouveau de la terre par l'effet de sa pesanteur, ce qui donnera lieu à un second mouvement pareil au prémier, par lequel cette planette se rapprochera encore du Soleil, & ainsi de suite pendant toute la durée de sa révolution.

Il en arriveroit de même du mouvement de la terre par rapport à celui de la Lune. Quand la terre iroit trop près du Soleil & trop loin de la Lune, la force centrale du Soleil éloignera la terre pour rapprocher son orbe de celui de la Lune : & si au contraire elle en étoit trop loin, la force centrifuge des globules entre la Lune & la terre, en éloignant ces deux globes, rapprocheroit la terre du soleil. Ces rapprochemens ou éloignemens du Soleil, dont il est ici question, regardent uniquement l'orbite de la Planette, lequel étant continué, passeroit plus près ou plus loin du Soleil. Par exemple, la Lune étant en opposition avec le Soleil, est précisément arrivée à ce terme, où elle doit repousser la terre & en être repoussée. Or cette double réaction, au lieu d'approcher en effet la Lune du Soleil, l'en éloigne au contraire ; mais parce que si l'orbite qu'elle décriroit alors étoit continué elle passeroit plus près de cet astre, j'ai appellé cet état dans cette planette un rapprochement, quoique ce soit un vrai éloignement, au moment où il est opéré.

Il est clair que ce que nous venons de dire de ces deux orbes doit s'entendre de tous les autres, & qu'il existe entr'eux un centre commun de gravité, autour duquel ils font leur révolution : que quand l'un seroit au moment de trop s'éloigner du soleil, ou du centre vers lequel sa pesanteur l'entraîne, il sera à l'instant repoussé pour être ramené à la distance précise où il doit être, relativement au foyer général & à tous les foyers particuliers.

Il est aisé de voir que cette force d'impulsion & de répulsion doit être proportionnelle à la force des foyers, & comme l'action de ceux-ci est proportionnée à la quantité de matière renfermée dans les globes, il en résulte que les orbes du système planétaire se pousseront proportionnément à leur solidité.

Nous observerons encore, que comme tout corps est nécéssairement mû dans un milieu plus ou moins résistant, son mouvement s'accroîtra succèssivement à mesure qu'il sera plus près du foyer vers lequel il est poussé. Car dès que la matière globuleuse circule perpétuellement autour d'un centre, il en résulte qu'elle n'est point en équilibre avec elle-même ; puisque si cet état s'établissoit, le mouvement cèsseroit, & tous les corpuscules sphériques auroient des diametres égaux, & des surfaces égales dans tous les points de l'espace. Donc la perpétuité de la force active des foyers opérera un mouvement perpétuel dans la nature : il y aura donc des globules plus ou moins comprimés. Les prémiers feront toujours plus d'effet que les autres, puisqu'ils auront plus de force centrifuge. Et comme la comprèssion vient de la force centrale des foyers, le mouvement sera toujours plus fort de ce côté. Par conséquent les parties d'un

fluide quelconque, feront plus pouſ-
fées en approchant du feu central de
chaque orbe. Or nous avons vû qu'un
corps plongé dans un fluide moins
denſe devoit tomber dans ce fluide,
& que ce corps étoit alors pouſſé par
la force centrifuge des parties de fluide qui ſuccédoient continuellement à
l'eſpace qu'il laiſſoit libre à chaque
moment de la deſcente. Cette imprèſ-
ſion ſera proportionelle à la vîteſſe
avec laquelle la matière globuleuſe
pouſſera les parties de ce fluide lorſ-
que leur équilibre ſera troublé, &
ſuivra toujours la loi de la raiſon ren-
verſée du quarré de la diſtance au
point où ſera placé le foyer. Car ſup-
poſons ce foyer au point D. l'imprèſ- Fig. 6.
ſion ſera bien plus grande ſur les globules contenus dans la ſurface ſphéri-
que du rayon DC. que dans celle des
rayons DB, DA, puiſque cette action
y ſera diſtribuée ſur un moindre nombre de globules ſphériques. Ils ſeront
donc plus reſſerrés en DC qu'en CB,
& en CB qu'en BA. & partant la for-
E vj

ce centrifuge augmentera en approchant du centre.

Or l'espace qu'occupent les globules sous la surface sphérique du rayon DC, est à l'espace occupé sous la surface du rayon DB, comme le quarré $\overline{DC}^2$ est au quarré $\overline{DB}^2$ & à l'espace occupé sous le rayon DA, comme $\overline{DC}^2 : \overline{DA}^2$. Et comme le même raisonnement peut être fait à tous les divers intervalles du foyer D, il s'ensuit que l'impulsion augmentera comme le quarré de la distance diminuera. C'est-à-dire qu'en supposant deux mobiles égaux, l'un au point B, l'autre au point C, & la distance DB, double, triple, quadruple de DC, le mobile en C, tombera quatre, neuf, seize fois plus vîte que ne feroit le mobile en B.

Car il faut observer que l'activité de la force centrale est toujours proportionnelle à l'activité de la force centripete. Un mobile en C ne pourroit tourner par l'action centrale, plus vîte qu'en B, autour du foyer D, que parce que la matière globuleuse y sera plus comprimée par le foyer. Or cette plus grande comprèssion suppose un besoin plus grand de remplir l'espace que le resserrement des parties laisse libre. La force centripete sera donc proportionnelle à cette action, sans quoi la comprèssion ne seroit pas telle que nous la supposons. Il faudra donc entendre qu'à mesure que les globules se resserreront sous la surface du rayon DC, ceux qui sont renfermés dans la couronne BC, se distendront, pour remplir les espaces vuides. Ce qui s'exécutera au même moment.

Comme cette cause, qui opère la pesanteur, agit uniformément à la même distance des centres, les corps dans des instans égaux parcourront des espaces qui seront dans la progrèssion des nombres impairs, 1. 3. 5. 7. 9. &c. par le seul effet de leur pesanteur. La matière globuleuse qui prèssera de la circonférence au centre, imprimera une certaine vîtesse à un certain intervalle du centre. Cette vîtesse agissant dans tous les instans, sera double à la fin du premier instant, & triple à la fin du second. Par conséquent, si le mobile parcourt, par exemple 15 pieds à la prémière seconde, comme il arrive sur notre globe, à la deuxiéme seconde il en parcourra 45, & 75 à la troisiéme. Car les vîtesses acquises à la fin de chaque tems étant dans la progrèssion des nombres naturels 1. 2. 3. 4. &c. & le mobile acquérant encore un nouveau degré de vîtesse, à la fin du tems suivant, l'on voit que si à la fin de la prémière seconde il a parcouru 15 pieds, il partira avec une vîtesse capable de lui en faire parcourir 30 ; & 15 qu'il acquerra dans cette deuxiéme seconde, feront le nombre de 45. Mais à la fin de ce tems, la vîtesse acquise étant 2, le mobile avec cette seule vîtesse parcourroit 60 pieds, puisqu'il en parcouroit 30 quand cette vîtesse étoit 1, & 15 pieds qu'il aura encore la force de parcourir, par la prèssion constante, durant cette troisiéme seconde, feront 75. Et raisonnant toujours de même, l'on voit que les espaces parcourus en tems égaux, doivent suivre la progrèssion des nombres impairs 1. 3. 5. 7. 9. Et cela non-seulement sur la surface de notre globe, mais généralement dans toutes les autes parties de l'univers. A la vérité, l'espace parcouru durant la première seconde, ne sera pas égal partout : car nous venons de prouver que la vîtesse augmentoit comme le quarré de la distance au foyer diminuoit. Ainsi la Lune qui est à soixante demi-diametres de la terre, doit, toutes choses d'ailleurs égales, avoir un mouvement beaucoup plus lent que les corps de notre globe. Si ceux-ci parcourent, par l'effet seul de leur pesanteur, 15 pieds en une seconde, la Lune ne doit parcourir le même espace qu'en une minute, à cause qu'étant à soixante demi-diametres du foyer de la terre, elle doit se mouvoir 3600 moins vite vers notre globe, que ne fera un mobile ici sur la terre. Or 3600 forme le quarré de 60, & est en même-tems la somme de la progrèssion des nombres impairs, depuis 1 jusqu'à 119, qui est le soixantiéme terme de la suite des nombres, en proportion avec les espaces parcourus sur la terre, pendant 60 secondes, valeur d'une minute. Donc la chute des corps sur notre globe, & sur le globe Lunaire, s'opérera suivant cette loi ; ce que les observations confirment en effet.

On pourroit, s'il étoit nécéssaire, pousser la spéculation jusqu'à déterminer la pesanteur des corps placés sur l'orbe de la Lune, non pas relativement au foyer de la terre, mais par rapport au foyer Lunaire. Car il est certain que la Lune étant un corps massif, circulant sur lui-même autour de son centre, a nécéssairement un foyer, vers lequel tendent tous les corps placés sur sa surface. Car ce n'est que par-là que nous pouvons concevoir la fixation des parties, qui sans ce point commun de tendance, s'éparpilleroient dans l'étendue, & s'approcheroient de la terre, suivant leurs différens degrés de pesanteur. De même que sans le foyer terrestre, les

AVEC LA RAISON. 113
différens corps de notre globe se sépareroient de la masse, pour se rapprocher du soleil. Et en effet retranchons la force centripete au centre de la terre, l'air, l'eau, la terre n'ayant plus que le soleil pour centre commun, y tendroient chacun séparément, relativement à leur densité respective. Ce qui les obligeroit de se séparer.

CHAPITRE VI.

De la Courbe que décrivent les Planettes autour des foyers, vers lesquels elles sont poussées.

UNE fois le mouvement vers le centre établi, la force centrale des foyers prouvée, la courbe que doit décrire tout corps animé par ces deux puissances, n'est pas difficile à déterminer.

Soit supposé un globe céleste quelconque A, mû dans un milieu moins Fig. 7.

denfe que le mobile, & le foyer F, au prémier moment infiniment petit, la force centrale du foyer porteroit le mobile par une fuite de tangentes de A en B, fi ce corps avoit une denfité égale au fluide globuleux dans lequel nage, foit la matière célefte, foit un fluide quelconque, au fein duquel le mobile fe meut, & que la denfité de ce fluide fut encore la même que celle du fluide élaftique, qui à la diftance AF du foyer, eft fuppofé parcourir la courbe AB: mais attendu l'inégalité des denfités du corps, du fluide & de la matière globuleufe, le mobile fe rapprochera du foyer, & au lieu d'aller en B il tombera en C. Par la même raifon, au fecond moment au lieu d'aller en D il tombera en E & fuccèffivement en H, L, N. En forte que ce corps animé par ces deux puiffances, décrira la courbe ACEHLN dont le foyer fera le point F.

La force qui porte le mobile de A en F, eft appellée force centripete; celle qui le porteroit autour du foyer F force centrale comme il a été déja dit.

AVEC LA RAISON. 115

Ainsi la combinaison de ces deux forces fera décrire au mobile la courbe ACEHLN dont le foyer sera F.

Les Neutoniens démontrent autrement cette proposition ; ils supposent que tout mobile, tout corps céleste se meut prémierement dans le vuide, qu'une puissance qu'ils ne déterminent point, a imprimé un mouvement en ligne droite aux corps du systême planétaire, & un autre mouvement vers un centre particulier, qui est celui qui résulte de l'attraction mutuelle & universelle de toutes les parties de la matière, d'où, par la combinaison de ces deux forces, naît l'orbe éliptique que décrivent les Planettes autour de leur centre. Si l'on demande actuellement qui a imprimé ces deux mouvemens à la matière, c'est une nécéssité de recourir à la puissance infinie du Créateur, aucun objet physique n'ayant été capable de les produire. Il faut donc concevoir qu'un corps est essentiellement doué de la faculté de se mouvoir dans une direction horizontale, & dans une direction verticale ;

ce qui est purement métaphysique, puisque nulle puissance n'est établie pour produire ces effets, au lieu que dans l'hypothèse que nous établissons ici, l'on voit distinctement l'origine de ces deux forces. La matière globuleuse, circulant autour d'un centre, communiquera une imprèssion aux corps placés dans sa sphére d'activité, par laquelle ils seront perpétuellement projettés, & cette imprèssion combinée avec celle qu'ils recevront par le même fluide, dans son mouvement vers les foyers, le portera à se mouvoir autour, comme il vient d'être démontré. Descartes se trompoit ici lorsqu'il avançoit que le mouvement de la matière subtile, mûe en rond, faisoit décrire une courbe semblable aux corps soumis à son imprèssion. Ce n'est point ainsi qu'il faut concevoir la chose. La matière globuleuse, circulant autour du foyer, ne fait que donner l'imprèssion au mobile pour être continuellement projetté, & le mouvement de cette même matière, tendant directement vers le foyer pour la formation, imprime la force centripete. Il faut toujours avoir sous les yeux la manière dont ces centres ont dû être formés, dans l'origine, par un mouvement direct de la matière globuleuse, d'où a résulté un point de concours, de-là un foyer, & enfin une force centrale. En sorte que les globules de matière élastique, doivent être considérés, comme pesans vers le même point, & circulant en même-tems autour. Partant tout corps céleste, en butte à ces deux puissances, décrira une courbe autour d'un foyer, centre de son mouvement, & cette courbe sera d'autant plus allongée que le mobile renfermera plus de matière sous le même volume, parce qu'alors il obéira plus à la force centripete, que le milieu dans lequel il sera supposé mû.

C'est une propriété remarquable de tout fluide, agité en rond, de comprimer & d'être comprimé, de manière que trois forces en résultent toujours ; la force centrale, la force centripete & la force centrifuge. L'air mû de la sorte en manière de tourbillon, nous montre très-distinctement ces trois forces. Prémierement nous voyons des corps tourner dans le sens du tourbillon, par l'effet de la force centrale ; des parties d'air extérieur prèsser la surface du tourbillon pour le contenir dans sa sphére d'activité. Ce qui peut servir à représenter l'origine de la force centripete, le milieu du tourbillon étant pris pour centre ; & enfin ce tourbillon faire effort de tout côté pour repousser les corps extérieurs par l'effet de la force centrifuge. Or si à la place de l'air nous imaginons un fluide infiniment plus élastique, & le mouvement de rotation, operé par une immense quantité de matière, avec quelle rapidité ces forces n'agiront elles pas ? Nous devons donc supposer que tout globe céleste se meut dans la sphére d'activité d'un foyer ; que la matière globuleuse qui forme le foyer, pèse nécessairement sur lui, puisque des parties de cette matière y ont abordé, & que la masse entière y tend pour sa formation. Un globe quelconque plongé dans un tel fluide, & à telle distance du foyer qu'on voudra, recevra donc une impression qui le portera à chaque moment vers & autour de ce centre. Le mobile, plus pesant qu'un pareil volume du fluide, obéira plus à la force centripete, c'est-à-dire que la courbe qu'il décrira, sera plus allongée que celles que décriront des parties du même fluide, qui obéiront plus à la force centrale qu'à la force centripete.

L'ellipse n'est dans le principe qu'un cercle allongé ou retréci ; c'est une aliquote ou une aliquante du cercle. Si l'on partageoit toutes les ordonnées d'un cercle par moité, tiers, quarts, ou qu'on les augmentât dans cette proportion, la ligne qui passeroit par les extrémités de ces ordonnées ainsi diminuées ou prolongées, seroit la circonférence d'une ellipse. Or une telle courbe ne peut être décrite par un mobile supposé mû par impulsion ou par attraction, qu'autant qu'il y aura deux puissances, l'une qui le poussera ou qui l'attirera à chaque moment par des tangentes infiniment petites dans une circonférence de cercle ou d'ellipse; & l'autre qui l'en éloignera en le portant dans le même-tems vers le foyer. Le mobile, pour obéir à ces deux imprèssions, décrira alors une courbe plus retrécie que la courbe génératrice, c'est-à-dire une ellipse. Ainsi de ce que les Planettes décrivent des ellipses autour d'un centre, c'est une preuve qu'il existe une force centripete, qui les entraîne vers le centre, & une force centrale qui les porte à tourner autour.

Le Soleil, en circulant sur lui-même, animera donc les corps soumis à l'action de son foyer, à tourner autour de lui : la terre fera par son foyer le même effet sur la Lune, Jupiter sur ses satellites, & Saturne sur les siens. Et cette action étant diminuée par la force centripète qui portera ces corps inférieurs vers le centre de leur Planette principale, en même-tems qu'ils seront mûs autour, leur fera décrire

décrire des ellipses, plus retrécies que celles que décrira la matière des foyers.

C'est un puissant argument, en faveur de l'hypothèse que nous établissons ici, que cette affectation que marquent généralement tous les corps planétaires, de se mouvoir toujours du même sens que le centre mobile autour duquel se font les révolutions. Ce concert dans le mouvement des Planettes du premier & du second ordre, ne peut provenir que de l'action constante des foyers, qui se mouvant de l'occident vers l'orient, ébranlent tout le systême planétaire suivant cette loi. Si la révolution de la terre, autour de son axe, ne suit pas relativement à celle de la Lune, la loi trouvée par Kepler, touchant *les racines cubiques des quarrés des tems périodiques, proportionelles aux distances du foyer*, il ne faut pas en être étonné. La courbe que décrivent ces deux globes est d'espéce différente. La Lune parcourt une ellipse autour de la terre, & cell-ci décrit un cercle autour

F

de son axe. Le foyer terrestre est situé dans les entrailles de la terre : les parties de cet orbe sont contiguës, & n'ont pas la liberté de se détacher pour circuler séparément autour du foyer. Si cette Planette avoit deux Lunes, le mouvement de ces deux corps suivroit la loi de Kepler ; mais une portion quelconque du globe terrestre ne peut pas être considerée comme un satellite de la terre : ce qui fait qu'on ne peut comparer le mouvement de rotation de la terre avec le mouvement de la Lune autour de la terre. Il faudroit savoir, pour établir cette analogie, le tems qu'employeroit un corps quelconque à circuler autour de la terre, si rien ne lui faisoit obstacle. Nous verrions alors que le mobile, qui placé sur la surface de la terre ne paroît obéir qu'à la force centripète, vû son éloignement du centre, feroit sa révolution à une moindre distance du foyer, qu'en tenant au globe terrestre. Donc sa révolution autour de la terre, s'acheveroit dans un espace de tems beaucoup plus court, que celui qu'employe la terre dans la révolution autour de son axe. Donc la terre, dans l'état actuel, doit se mouvoir sur elle-même beaucoup plus lentement à proportion, que ne fait la Lune dans sa révolution autour de la terre : ce qui est en effet véritable.

Ces ellipses, décrites par les planettes, seroient parfaitement regulieres sans l'action respectives des foyers, ainsi qu'il a été dit. Ainsi ce sera une nécéssité de calculer toutes ces variations pour déterminer au juste la vraie marche des planettes dans le cours de leur révolution.

Tous les effets de l'attraction pourront donc être ramenés au principe d'impulsion que nous établissons ici. Car voilà prémièrement la même courbe que décrivent les corps célestes dans leur révolution annuelle, & la même irrégularité dans cette courbe, occasionnée par les distances variables de ces corps. A la vérité, au lieu de dire que la Lune, par exemple, dans un certain tems, où elle s'éloigne de la terre pour se rapprocher du Soleil, est attirée par cet astre, nous dirons qu'elle est repoussée par l'action du foyer de la terre, plus fort en ce point que celui du Soleil. Pour trouver ensuite la quantité de cette force répulsive, il faudra, dans les deux hypothèses, prendre le quarré des distances du Soleil à la Lune, & de la Lune à la terre, déterminer la force des deux foyers respectifs, d'après l'équilibre fixé au point de l'aphélie de la Lune, qui est précisément celui où elle est supposée avoir été formée par l'action du foyer de la terre, en opposition avec celui du Soleil. L'on trouvera que dans d'autres points de son orbite, où elle s'approche plus de la terre, en obéissant à la force centripète, le foyer de la terre devra dans le tems du périhélie l'emporter sur celui du Soleil : & cet excès, au lieu d'être donné à la force attractive du Soleil, étant donné à la force répulsive de la terre, produira précisément le même effet ; la Lune décrivant alors une nouvelle courbe qui l'éloignera de la terre & l'approchera du soleil.

Soit le Soleil S, la terre T, la Lune A, & l'orbite qu'elle décrit autour de la terre AMNOA, soit fait AF=GM. MT=TF. Et soient encore décrits, du point T, les quarts de cercle AGT. BHT... &c. puisque le foyer de la Lune, au point de l'aphélie A, est égal en force au foyer du soleil S, dans la direction AS, & au foyer de la terre dans la direction AT, il en résulte que le foyer du soleil & celui de la terre ont une même force au point A. Partant si la matière solide de la Lune, n'étoit pas plus pesante qu'un pareil volume du fluide globuleux, dans lequel elle est mûe, cette planette décriroit un cercle autour de la terre, ou tout au moins une ellipse fort arrondie, semblable à celle du fluide élastique, puisqu'étant en équilibre avec ce fluide, & celui-ci n'étant presque mû que par la force centrale de la terre, elle obéiroit presqu'en entier à l'action de la force centrale, & fort peu à l'action de la

Fig. 8.

force centripète. A proportion donc que cette dernière force sera plus grande, la force centrale restant la même, l'ellipse s'allongera, & à proportion aussi que la force centrale augmentera, la force centripète restant la même, la courbe s'arrondira. Or pour que la Lune puisse parvenir du point A au point M, point du périhélie, il faut qu'elle parte avec une vîtesse telle qu'elle puisse parcourir la courbe AM, dans le tems qu'avec la force centrale elle parcourroit le quart de cercle AG, & avec la force centripète la ligne AF, qui est l'excès de AT sur TM. Quand elle sera au point P, la force centrale pourra être représentée par BH, & la force centripète par BF, & ainsi dans cet ordre; en sorte qu'arrivée au point M, ce satellite aura obéi à l'action variable de ces deux forces.

On peut se former une autre idée de la description de cette courbe, en considérant que le mobile A est mû par la force centrale AV, & par la force centripète AB, il suivra alors la portion de courbe AP, & le supposant de nouveau mû au point P, par la force centrale PX, & par la force centripète PY=BC, il parcourra l'espace curviligne PQ, & successivement QR, RZ, ZM.

Cette courbe est encore égale à celle que décriroit un mobile A, sur le rayon AT, en supposant que dans le même-tems que ce point atteindroit le point F, l'extrémité A atteignît l'extrémité G, de l'arc AG, le rayon AT tournant autour du point T.

Or il suit de-là que dès que cette planette décrit une ellipse autour de la terre, sa force centripète est nécessairement limitée, c'est-à-dire qu'elle n'a de pesanteur que pour tomber de A en F, la force centrale lui enleve la partie TF, en sorte qu'elle ne peut jamais atteindre la terre, autrement elle décriroit une spirale, au lieu d'une ellipse, & alors le point mobile A, parcourroit tout le rayon AT, au lieu de la portion AF, dans le même-tems que par la force centrale, il eût parcouru l'arc AG, les rayons AT,

F iv

PT, QT, RT, ZT, MT étant succèssivement plus petits, le point M se confondroit enfin avec le point T. La Lune ayant atteint le point M de son orbite, ne s'approchera donc plus de la terre ; cependant son mouvement aura été succèssivement accéléré de A vers M, à cause qu'elle se sera approchée de plus en plus du foyer de la terre ; & cette vîtesse sera toujours dans la raison renversée du quarré de la distance de la Lune à la terre.

Mais remarquons, que par la nature de la courbe que décrit la Lune autour de la terre, il en résulte que les portions de circonférence AP, PQ, QR, RZ sont succèssivement moins courbes, & approchent par conséquent toujours plus de la ligne droite : or attendu le grand applatissement & le parallèlisme à l'axe en ZM, il s'ensuit que l'effet des forces centrales se fait, en quelque sorte dans une ligne droite, ou, ce qu'on ne sauroit contester, dans la direction de la tangente au point M. Par conséquent nous devons regarder toute la

AVEC LA RAISON. 129
force qu'aura acquis le mobile depuis son départ du point A, comme ramassée au point M. & agissant dans la direction de la tangente M, &c. il est clair que le mobile suivroit cette route, si sa pesanteur ne le faisoit retomber à chaque instant plus près du foyer. Ainsi au lieu d'aller au point C, il tombera à un point correspondant de la courbe continuée, & porté encore à s'échapper par la tangente à ce même point, il retombera de nouveau, & toujours de même, jusqu'à ce qu'il ait perdu la force avec laquelle il auroit parcouru au point M, la tangente M &c. ce qui s'oppérera par un décroissement succèssif, & égal à l'augmentation progrèssive de la prémière vîtesse acquise.

La Lune parviendra donc au point N, son mouvement étant succèssivement retardé, puisqu'il s'exécute toujours plus loin du foyer. Et faisant pour le point N, le même raisonnement qui a été fait pour le point A, & le même pour le point O, que pour le point M, l'on voit la nécéssité que ce globe se meuve autour du foyer F, sans pouvoir jamais l'aborder, & que la courbe revienne sur elle-même.

Si à toutes ces variations l'on ajoute celle que l'action du soleil doit produire sur cet orbe, suivant les divers degrés de proximité, l'on aura une connoissance exacte de la marche de ce corps, principalement si l'on fait attention au mouvement de la terre, qui change à chaque instant le lieu de son foyer, & comprime différemment le fluide dans lequel elle nage avec son satellite.

Fig. 9. L'orbite que décriront les planettes principales autour du soleil, sera un peu différente de celle que décrit la Lune autour de la terre. Soient le soleil au point F, & une planette quelconque au point A. Ces corps peuvent être considerés comme formés par l'action seule du foyer du soleil en opposition avec le leur propre, les foyers des autres orbes étant comptés pour rien, attendu leur éloignement entr'eux, & la supériorité très-grande du foyer solaire. La planette n'aura qu'un seul aphélie, & un seul périhélie, le point de l'aphélie A, étant celui où les foyers du soleil & de la planette ont formé la solidité de ce corps, y seront en équilibre ; mais comme ce corps planétaire est mû dans un fluide moins dense, il aura une force centripète AE (supposant toujours EF = FC) & une force centrale AOP, qui lui viendra du soleil, en sorte qu'il faut considerer que les vîtesses, doivent être telles que les espaces AE, AOP, ABC seroient parcourus dans le même tems par la force centripète, par la force centrifuge & par la combinaison de tous les deux. Le mobile n'aura donc de force centripète que pour aller de A en E. arrivé au point C, il tendra à s'éloigner du soleil, puisque l'effet des forces se feroit dans la direction CH, perpendiculaire à l'axe AC, son mouvement aura été succèssivement accéléré, à cause que les parties du fluide, dans lequel il s'est enfoncé, sont toujours plus agitées en approchant du foyer, & cette vîtesse augmentera en raison in-

F vj

verse du quarré de la distance, puisque le fluide agit suivant cette loi. Mais la force acquise pendant cette demie révolution, portant le mobile dans la direction de la tangente, & ne pouvant être perdue que progressivement, en autant de tems qu'elle aura été acquise, le mobile décrira dans le même-tems, une seconde portion de courbe égale à la prémière, par laquelle il sera ramené du point C, au point A, d'où il retombera de nouveau pour commencer une seconde révolution, & ainsi de suite à l'infini.

L'on remarquera que comme l'espace rectiligne AE doit être parcouru par la force centripète, dans le même-tems que l'espace curviligne AOP le feroit par la force centrale & l'espace ABC, par ces forces combinées, & que la vîtesse s'accelere toujours de A vers F, la force centrale ne peut être constante sur la courbe AOP. Car si cette force étoit telle, il faudroit, pour que le point A arrivât en même-tems en E & en P, qu'il parcourût sur la droite AE, des espaces proportionnels à ceux qui seroient parcourus dans le même-tems fur la courbe AOP. Et partant les vîteſſes, étant fuppoſées uniformes fur la courbe AOP, elles feroient pareillement uniformes fur la droite AE. Ce qui feroit contre l'hypothèſe. Donc le mouvement vers AOP fera accéléré; & dès-lors la courbe n'eſt plus un cercle, mais une ellipſe, dont l'un des foyers eſt F. Par conféquent le point P, fera plus près de F que le point A, & la matière globuleuſe, agitée dans un foyer, décrira tout autour une courbe elliptique, ainſi que le reſte des corps mûs dans l'étendue. Il fuit de-là que la figure de l'univers, laquelle ne réſulte que de l'action de la matière globuleuſe, fera de forme elliptique, ainſi que tout orbe planétaire, & que le foyer général de la nature ne fera point au centre du monde. Cette excentricité peut être aſſez conſidérable; car de même qu'il y a des gradations dans les parties des autres fluides, a de grandes diſtances du foyer, que les unes font plus reſſerrées, plus élaſtiques en approchant de ce centre, de même dans les parties du fluide globuleux, il y aura des parties plus condensées les unes que les autres, & le mouvement sera par conséquent accéléré vers celles-ci, & la pesanteur augmentée. Car la pesanteur n'est, dans le principe, que le degré d'impulsion que reçoit un corps pour se mouvoir. A mesure que la matière globuleuse circule plus rapidement autour d'un point, elle s'y resserre d'avantage, & dès-là il y a un mouvement de la circonférence au centre pour remplir l'espace que les globules plus resserrés laissent libre; car la force centrifuge de ces corpuscules sphériques ne permet pas qu'il se forme un vuide nulle part, qu'il ne soit au même moment rempli par l'extension des globules voisins; & ce mouvement devant nécéssairement avoir son effet vers le lieu où la comprèssion est plus forte, nous donne l'explication exacte du phénomène de la pesanteur ou de l'impulsion des corps vers un foyer. Par conséquent le mouvement de rotation des orbes planétaires, suppose de toute nécéssité un mouvement interne de la part d'un fluide quelconque, mû autour d'un foyer. Ce foyer comprime plus fortement les parties élastiques de ce fluide ; il se fera donc un reflux de ce côté de la part des corps voisins, tant pour remplir les espaces libres que pour contenir le corps circulant dans sa sphére d'activité ; & dès-lors voilà la force centripète qui s'établit dans la nature. La force centrale réside dans le mouvement elliptique du foyer de l'orbe planétaire qui se communique à tous les corps environnans. Tels sont les deux agens de l'univers qui déterminent tout orbe planétaire à se mouvoir vers un point & autour de ce même point.

Il résulte de ce qui vient d'être dit, qu'il sera aisé de connoître exactement le degré de force centrale & de force centripète de chaque orbe, dont la révolution autour du centre sera connue. Dès que AOB, ABC, AE doivent être parcourus en même-tems par des vîtesses accélérées, connoissant le tems pour parcourir ABC, l'on aura celui qu'il faudroit employer de A en E & de A en P, si la matière globuleuse étoit mûe circulairement: mais attendu son excentricité, l'espace parcouru pourra être supposé AVR, par exemple. Or la ligne AE est connue, puisqu'elle est égale à la distance des deux foyers de l'ellipse. On pourroit donc savoir de combien le mouvement a dû être augmenté en ABC, pour que le mobile, par les deux forces combinées, ait atteint le point C, dans le même-tems que par la seule force centripète il fut tombé de A en E. Mais ce surplus est précisément égal à la force centrale, qui a éloigné la planette du foyer, & qui lui auroit fait parcourir l'espace AVR dans le même-tems qu'elle seroit tombée de A en E. Le point R sera donc déterminé ; & comme ce point ne tombe plus loin du foyer F, que le point C, que par une moindre force centripète de la part du fluide globuleux, l'on voit que la différence de FR, à FC, pourra servir à fixer le rapport des masses de tous les corps célestes.

L'on ne s'arrête point à prouver, qu'il suit des principes établis ci-dessus, que les aires bordées dans une même ellipse sont proportionneles aux tems, ni que les distances des planettes au soleil sont entr'elles comme les racines cubiques des quarrés des tems périodiques ; ces vérités sont fondées sur les propriétés des ellipses, & sur les lois des forces centripètes & centrales, dont nous venons de parler. Ces lois étant les mêmes que dans l'hypothèse de l'attraction, doivent avoir les mêmes conséquences ; il n'y a que le moteur général qui differe ici : on ne taxe point le Chevalier Newton d'aucune erreur de fait, mais simplement de principe : Ce Philosophe ramene tout à l'attraction, & l'on a crû devoir préférer le système de l'impulsion, comme plus vrai, plus sensible & plus fécond dans ses conséquences. L'on croit aussi devoir s'abstenir de parler plus en détail du trouble que les planettes éprouvent dans leur mouvement à l'aspéct les unes des autres. Nous avons montré que quand les foyers étoient plus rapprochés, leur route devoit en être altérée. Ainsi tout ce qui a été calculé à cet égard en partant des principes du Philosophe Anglois, peut avoir ici une juste application.

Les comètes étant des corps solides, décriront aussi un même genre d'ellipse autour du soleil, puisqu'elles seront également animées par la force centrale de cet astre, & par leur force centripète. Ainsi ceux qui pensent que ces corps tombent quelquefois dans le foyer général, pour lui servir d'aliment, se trompent très-assurément : car il faudroit alors que leur mouvement fut changé, & que ces mobiles décrivissent une spirale autour du soleil, au lieu d'une ellipse. Cette ellipse étant fort excentrique, on peut en conclure, que de tels corps obéissent plus à la force centripète qu'à la force centrale, & que leur aphélie doit être à une très-grande distance du soleil. Ce point ne seroit peut-être pas impossible à déterminer, en le comparant avec celui des autres planettes ;

ce rapport nous donnant celui des solidités des deux orbes, nous chercherions ensuite par la solidité respective des autres corps, comparée avec leur plus grand éloignement du foyer commun, qu'elle devroit être la plus grande distance des comètes au soleil. Cette distance déterminée, il seroit aisé de connoître le tems qu'un tel corps employeroit à parcourir par une chute verticale, un espace égal à celui des deux foyers de l'ellipse. Ce tems donneroit précisément la moitié de la révolution du corps autour du soleil. Il faudroit vraisemblablement ajouter ou retrancher à ce calcul, à cause de l'action des foyers mobiles du système planétaire, laquelle porte les corps dont nous parlons, tantôt au Nord, tantôt au Sud, suivant le lieu qu'occupent ces foyers au moment du passage des comètes.

Je ne pense pas qu'on objecte ici la résistance des milieux où je suppose que se font les mouvemens ; car cette résistance est nulle autour du foyer, puisque tout y circule avec une vîtesse proportionnée aux masses des corps circulans. Ainsi la matière globuleuse & la matière céleste, circulant dans une ellipse autour du centre du monde, plus rapidement que ne fait un mobile qui obéit en même-tems à une force centripète plus grande, ne résisteront pas plus à ce mobile que s'il étoit mû dans le vuide. C'est au contraire par les imprèssions qu'il en recevra, qu'il aura une tendance autour du foyer, comme un courant d'eau fort rapide qui n'opposeroit aucune résistance au corps mû dans la direction de son mouvement.

Ces fluides résisteront, à la vérité, dans la direction de la force centripète, puisque le mobile y descendant plus vîte que ne feront les parties contigues des mêmes fluides, heurtera contre ces parties ; mais de combien sera cette résistance ? De la quantité précisément convenable, pour que le mobile plus fort en force centrifuge qu'un égal volume du fluide, où il est plongé, décrive une ellipse moins arrondie & plus rapprochée du foyer, de la quantité exacte dont sa solidité surpassera celle du liquide qui lui résiste : ce qui devoit arriver ainsi, pour que les ellipses eussent un certain rapport avec une même force centrale, combinée avec des forces centripètes inégales. Ainsi le système des mouvemens, exécutés dans le vuide, n'a aucun avantage sur celui-ci. Et comme on ne pourra jamais comprendre comment des corps qui ne sont point mis en rapport par quelques corps intermédiaires qui les unissent, peuvent néanmoins agir les uns sur les autres, ce qui est peut-être, même impossible à la puissance infinie de l'Auteur du monde, laquelle a ses bornes dans l'union des vérités contradictoires qui se détruiroient respectivement ; il s'ensuit que nous devons préférer toute hypothèse qui rendra compte des phénomènes physiques par des principes connus, à celles qui, dès les premiers pas, nous mettent dans le cas de douter de l'efficace d'une puissance infinie dans l'institution de telles lois.

Que l'on dispute tant qu'on voudra, il est certain que la Philosophie de Newton entraîne avec elle des suppositions & des conséquences, dont l'homme ne peut se former la moindre idée. On a été obligé, pour soutenir le système du mouvement dans le vuide, de supposer que de toute éternité, il avoit existé un espace destiné à renfermer les corps de l'univers. Quelques Philosophes plus hardis sont partis de-là pour avancer que ce même espace étoit Dieu. Et comme on lui attribue les trois dimensions de l'étendue, il en résulte qu'un Etre purement spirituel doit être conçu comme étendu à la manière des corps ; ce qui renverse tous les principes dont on s'est servi jusqu'ici, pour distinguer l'essence spirituelle de l'essence matérielle.

L'espace ne peut jamais être conçu sans la matière, puisqu'il n'est en effet que la distance d'un objet, d'un corps, en un mot d'un point physique quelconque à un autre point. A la vérité, cet espace pourra être plein en tout ou en partie, ou être absolument vuide ; l'esprit peut aller jusques-là. Nous sentons que si l'on pompe tout l'air d'une chambre, & qu'il ne reste absolument rien, d'un mur à l'autre, tant que ces murs subsisteront, il y aura une distance entr'eux, que nous appellons espace ; mais les murs évanouis, l'esprit n'appercevant plus d'objets, ne conçoit plus d'espace ; car où seroit-il ? Quand rien ne pourra marquer la distance d'un point à un autre. Qu'un corps y soit ensuite supposé, voilà un espace manifesté, mais il faudra l'envisager sur les parties étendues de la surface de ce corps, l'on ne doit point aller chercher, hors du corps physique, des distances qui ne peuvent exister qu'en y plaçant quelque chose, qui n'y est pas actuellement. Ces idées sont simples & ne sçauroient être raisonnablement combatues par aucune hypothèse contraire. Avant la création, rien de physique n'existoit : il plaît à Dieu de créer un monde, ce monde seul existe, & rien d'étendu ne peut être conçu au-de-là. S'il y a des espaces vuides, ils doivent donc se trouver dans l'univers, c'est à-dire entre les parties de la matière créée. L'univers n'est point infini, il a son centre & sa circonférence. L'espace n'est donc point infini; & ne peut par conséquent être pris pour Dieu, ni avoir nulle sorte de rapport avec l'Etre suprême. Ainsi le monde a apporté son lieu, son espace, plein & vuide avec lui-même.

Nous avons vû que la matière globuleuse fut créée au prémier jour du monde : cet état est très-aisé à concevoir, rien n'existoit auparavant, ni espace, ni matière, par conséquent rien qui pût mettre obstacle à l'existence des corps. Si Dieu n'avoit créé qu'une ligne droite, l'espace se fût alors trouvé sur cette ligne par la détermination possible de plusieurs points physiques; si cette ligne avoit ensuite été courbée, la courbe eut pû être un cercle ou un ovale, les extrémités étant jointes : dès-lors la distance d'un point à l'autre se fut prise sur la courbure de cette ligne. Mais si si l'on avoit voulu avoir l'idée d'une ligne droite, on eût pû imaginer un rayon, un diametre, ou relle autre droite, tirée dans l'intérieur de la courbe, & qui auroit été terminée à la circonférence. L'espace intérieur, quoique vuide, n'auroit point empêché que le diametre, par exemple supposé ne mesurât l'éloignement de deux points, placés en file du centre : car pour la distance, entre ces deux points, peu eut importé que l'intérieur du cercle fut plein ou vuide, tout dépendant de la grandeur plus ou moins étendue de la circonférence créée. On pourroit ensuite imaginer un mouvement dans toutes les parties de cette circonférence, tendant à les replier vers le centre : l'état alors de cette ligne, qui rentreroit succèssivement dans le vuide intérieur, & qui en sortiroit, à la manière des corps élastiques, n'offriroit rien que de naturel ; ce seroit la quantité existant, tantôt en avant, tantôt en arrière, & qui doit même exister là où il n'y a rien, car s'il y avoit quelque chose,

G

l'impénétrabilité de la matière l'empêcheroit de s'y placer. L'univers ne peut donc être que dans le néant. Or l'espace, tel qu'on peut se le représenter, est ou un être physique, ou un être métaphysique. Si c'est un être physique, d'autres êtres physiques ne peuvent y exister, il aura même besoin d'un second lieu capable de le renfermer, & celui-ci d'un autre, & ainsi de suite à l'infini, en sorte que cet état seroit impossible à concevoir. Si l'espace est un être métaphysique, il ne peut renfermer des êtres physiques, à la manière dont on l'entend, puisque, dans cette hypothèse, il n'auroit nulles parties physiques capables d'en contenir d'autres. Ainsi l'espace ne sera jamais autre chose que la distance d'un point physique, à un autre point physique, & dès-là même il ne pourra exister sans corps. Mais comme la matière devoit être mûe, & que tout mouvement suppose un transport de parties d'un lieu à un autre, & par conséquent l'existence de ces mêmes parties, dans un lieu purgé d'autres corps, c'étoit une nécèssité, qu'à mesure qu'un corps céderoit sa place à un autre, les corps environnans fussent de nature à pouvoir se resserrer sur eux-mêmes, dans des espaces vuides, & livrer par ce mouvement, passage aux corps mûs; mais les parties de ce corps, ainsi resserrées étant dans un état de contrainte, feront effort pour se retablir dans l'état primitif, & remplir l'espace que le mobile laisse libre dans la continuité de son mouvement, il faudra donc qu'elles soient fléxibles & élastiques, telles en un mot, que nous les avons supposées, dans les Chapitres précédens. En sorte qu'il résulte de-là que les corps seront poussés dans le plein, & que néanmoins le mouvement se fera dans le vuide. Or c'est précisément là le point qu'il paroît qu'il falloit trouver pour accorder le systême de l'impulsion avec les phénomènes de la nature, & présenter le tableau physique & raisonné du spectacle de l'univers, & j'ose dire le seul qu'un homme raisonnable doive envisager; car

G ij

en fait de physique, il faut frapper autant les sens que la raison. Un corps se meut, il faut savoir physiquement pourquoi il se meut, voir des agens, des ressorts palpables qui opèrent cette action. Mais quand on se contentera de dire que ce corps a la vertu d'en attirer un autre & d'en être attiré, on ne voit là rien de physique, le méchanisme de cette action doit paroître sans quoi l'on est fondé de douter de la vérité d'un principe qui devroit être dévoilé, & qu'on tient enseveli dans les ténèbres les plus profondes. Si je rentre ensuite dans moi-même, & qu'après avoir bien examiné la question, je ne trouve aucun moyen de comprendre un mystère de cette nature, ma raison s'effarouche au point de rejetter tout ce qui m'est présenté sous cet aspect. En vain voudra-t-on me toucher, par l'exposition des lois, qu'observent les astres dans leur cours, lesquelles paroissent s'expliquer comme d'elles mêmes, une fois cette hypothèse admise. Je refuse toujours de me rendre, parce que je me démontre de plus en plus l'impossibilité qu'un corps puisse jamais être de nature à en attirer un autre ; & par surcroît, l'on place ce corps dans le vuide, où il cèsse de communiquer avec le reste des corps créés : & l'on veut me forcer à croire que son action se transmet à des distances immenses, sans l'intervention d'un corps interposé. Cette action est donc spirituelle, car il n'existe que cette ressource pour répondre à tant de difficultés. Voilà un mystère physique, véritablement inexplicable, & il étoit reservé à notre siècle de croire aveuglément des choses incompréhensibles à la raison humaine, dans une sience où l'on a droit d'exiger la plus grande clarté, & de refuser d'en admettre d'autres, infiniment plus démontrées & tout autrement importantes, au mépris desquelles une éternité de malheurs est attachée.

CHAPITRE VIII.

Du Flux & du Reflux de la Mer : des effets de l'Électricité : de la vertu magnetique de l'Aiman, & de quelques autres parties de la Physique.

DÈs que les foyers des corps du système planétaire agissent les uns sur les autres, & sont mobiles dans l'étendue, étant placés tantôt plus près, tantôt plus loin de nous, ces variations doivent se faire sentir sur notre globe, & troubler l'équilibre de nos fluides. Si le soleil, la terre & la lune étoient continuellement à même distance, le même équilibre regneroit toujours, & nos mers auroient une action constante dans tous les tems de l'année. Or les variations arrivent précisément sur cet élément, dans les nouvelles ou pleines lunes, dans les quadratures, aux équinoxes, c'est-à-dire au tems où les distances du soleil, de la lune & de la terre varient dans la même proportion ; & aucun mouvement ne pouvant être produit par l'action des foyers des orbes planétaires, nous sommes très-assurés que la cause de ces changemens ne peut avoir une autre origine, & que par conséquent le mouvement ordinaire du flux & du reflux de l'Océan doit également s'y rapporter.

Pour se faire une idée nette de l'état de notre Océan, (je ne parle point de la Méditéranée, dont l'étendue est trop bornée, pour que toutes les variations dont il vient d'être parlé y soient fort sensibles) il faut le considérer d'abord relativement à ce qu'il devroit être, animé par la force centripète & par la force centrale de la terre. Il nous sera facile ensuite de faire remarquer les vicissitudes qu'il doit éprouver par l'action variable des foyers du Soleil & de la Lune, combinée avec l'action centrale de la terre.

Nous avons déja vû que la terre,

en tournant sur elle-même, devoit élever les fluides à une plus grande hauteur vers l'équateur, où se trouve son foyer, que vers les autres parties de la superficie. La raison en est, que le mouvement étant plus grand dans cette partie, il y aura nécessairement plus de compression dans la matière globuleuse, & de-là dans l'air, dans l'eau, & dans le reste des corps voisins du centre : les grands cercles qui achevent leurs revolutions en même-tems que les petits cercles, tournent nécessairement plus vîte ; ainsi la compression sera plus forte sous l'équateur que sous les tropiques & sous les tropiques que vers les poles. Il y aura donc un plus grand reflux de matière, vers le centre de la terre, pour remplir les espaces vuides qui s'y formeront ; le fluide élastique s'y portera en plus grande abondance, l'air & l'eau y couleront aussi plus rapidement ; en sorte que ces trois fluides s'y mettront en équilibre à une plus grande hauteur que vers les autres parties de la surface terrestre. Les parties collatérales de ces fluides descendront à proportion que les prémières monteront ; leur force centripète en sera augmentée ; de manière que si la masse, sous l'équateur, s'accroît par la quantité augmentée, la force centrifuge des parties collatérales augmente aussi de la même quantité, & est en état de la soutenir. Voilà l'état où devroit toujours être l'Océan, si les foyers du Soleil & de la Lune n'avoient aucune action sur la terre : mais comme ces deux orbes sont toujours immédiatement au-dessus des tropiques de la terre, ils compriment la matière qui est entre ces deux cercles plus fortement qu'elle ne le seroit, si leur action étoit plus oblique : il y aura par conséquent un reflux de matière vers ces foyers, dont l'action se joindra à celle du foyer de la terre, pour élever encore les eaux de l'Océan à une plus grande hauteur. Or la terre tournant sur elle-même, elle aura fait en six heures le quart de sa révolution, l'action du Soleil & l'action de la Lune agiront donc alors sur d'autres parties de la terre, les eaux retomberont par conséquent de la région de l'équateur vers celles des tropiques, de la quantité précisément dont elles s'étoient élevées, par l'action des foyers Solaires & Lunaires, ce qui sera répété deux fois dans les vingt-quatre heures, puisque les eaux seront deux fois en quadrature avec la Lune. Les eaux doivent s'élever dans le point correspondant de l'hémisphère opposé par l'augmentation de force centrifuge des parties collatérales qui retombent plus près du foyer de la terre, à proportion que d'autres parties se seront plus élevées. Or cette force accrue, poussera plus fortement là où il y aura moins de résistance; ainsi l'effet se fera des deux côtés de l'hémisphère.

Il est aisé de comprendre actuellement les variations que doivent éprouver les eaux, aux équinoxes, dans les nouvelles & pleines Lunes, & dans les quadratures. Ce Satellite étant tantôt plus près de la terre, tantôt plus loin, tantôt vû comme uniſſant ſon action à celle du Soleil, & tantôt comme agiſſant d'un côté, quand cet aſtre agit de l'autre, produit, par toutes ces combinaiſons, des marées plus hautes ou plus baſſes, dans un tems que dans un autre. Ainſi quand la Lune ſera dans ſes quartiers, les eaux ſeront moins élevées que dans la conjonction & l'oppoſition ; ce ſatellite étant alors plus près de la terre. Une choſe qu'il faut remarquer, c'eſt que la plus haute élévation des eaux n'arrive point au moment du paſſage de la Lune par le méridien du lieu, mais environ trois heures après. Ce retardement eſt la meſure préciſe du tems employé par le foyer Lunaire pour conſommer ſon action ſur notre globe. La matière globuleuſe, plus élaſtique que l'air, preſſe de la terre à la Lune avec une grande rapidité ; l'air moins élaſtique, comprime avec moins de vîteſſe, & l'Océan encore moins élaſtique, a une action encore moins prompte que l'air, & infiniment plus retardée que la matière globuleuſe. Ce qui fait une ſucceſſion de force, dont l'effet total est mesuré par le tems qui s'écoule, entre le moment du passage de la Lune au méridien d'un lieu, & celui de la plus grande hauteur des eaux à ce même lieu. Car dès que les marées suivent le cours de ce satellite, s'il n'y avoit aucune succession dans le mouvement de pression des fluides, le moment du passage de la Lune, par le point le plus élevé d'un lieu, seroit celui des plus hautes eaux.

DE L'ÉLECTRICITÉ.

L'IGNORANCE où l'on a été du principe qui porte certains corps à s'approcher de la surface d'autres corps a fait donner à ces derniers le nom de corps électriques. Tels sont l'ambre, la cire d'Espagne, le diamant, les cristaux, le verre & plusieurs autres, qui étant frottés, déterminent des corps légers, tels que des brins de paille, une barbe de plume, de petits morceaux de papier à s'appliquer à leur surface. Cet effet est fort simple;

& suit directement des principes que nous avons établis dans les chapitres précédens. Le fluide élastique qui réside dans les pores de ces corps étant agité par l'action du frottement, circule avec rapidité & forme un foyer, centre de son mouvement. La pression sera par conséquent plus forte de ce côté, les globules y seront plus resserrés, leur force centrifuge en sera augmentée, la matière abordera à ce nouveau centre des parties contigues, de même qu'elle arrive vers les foyers des corps planétaires pour remplir les espaces vuides qui se formeroient entr'eux, si rien n'occupoit les intervalles, qu'un plus grand resserrement de parties laisseroit libres. On conçoit aisément, qu'en cet état, de petits corps tels que des brins de paille, de foibles morceaux de papier, des barbes de plumes, pourront devenir plus légers qu'un égal volume du fluide plus condensé, dans lequel ils sont plongés : ils s'éleveront donc alors vers le foyer, puisqu'au-dessus, & tout autour, l'air & le fluide élastique étant moins comprimés, feront plus légers que ces corps. La force centrifuge des globules fera le mobile qui les pouffera vers le foyer des corps électriques. Et comme ce foyer n'eft que paffager, qu'il ne fubfifte que pendant un tems limité, les corpufcules fphériques faifant effort de tout côté pour fe diftendre, repoufferont par leur force centrifuge les corps légers qui s'étoient unis à eux, & l'équilibre fe rétablira.

Ceci nous fait voir évidemment l'infuffifance de l'attraction pour rendre compte d'un tel phénomène. Pourquoi les corps électriques ont-ils befoin d'être frottés pour attirer à foi d'autres corps ? Si cette opération fe faifoit par les lois fimples de l'attraction, la cire d'Efpagne, les criftaux, le verre & autres corps appellés électriques, attireroient en raifon de leur maffe & du quarré de la diftance, fans qu'il fut befoin d'aucun frottement. Ce frottement ne change point la maffe des corps attirans, ni des corps qui font attirés. Il eft néanmoins néceffaire pour produire l'effet dont il s'agit ici, & qui a été une des bases principales sur lesquelles ce système s'est élevé. Il est donc faux que l'attraction soit le principe de l'Électricité ; l'attraction plus grande de la terre, devroit toujours absorber ces tendances particulières & arrêter leurs effets. On est donc forcé de reconnoître une matière destinée à opérer tous les mouvemens de la nature à mesure qu'elle sera dans une plus grande ou dans une moindre action.

Si nous suivons avec un peu d'attention ce qui se passe autour du verre frotté, nous ne ferons point étonnés de tous les effets qui se manifestent à l'approche d'un corps non-électrifé. Remarquons premièrement, qu'un foyer s'étant établi par l'action du frottement, la matière globuleuse, renfermée dans le verre & dans l'air environnant, étant dans un état d'une plus grande condensation, si une personne approche son doigt du globe ou du tube, il ne doit point paroître surprenant qu'une étincelle s'élève du sein du tube, éclate & porte une commotion sensible dans quelques parties du corps de la personne, & d'une grande quantité d'autres qui se tiendront par la main. Établissons d'abord ce principe général, que tout effet physique suppose dans l'origine un combat de deux forces inégales. Le salpêtre enflammé n'éclate avec violence, que parce qu'il est plus pressé, son effet suit la ligne de moindre résistance : l'air extérieur fait effort contre l'action de ce corps ; mais comme sa force centrifuge est plus foible, il est repoussé avec violence. La matière globuleuse se distend ; frappe l'air, & porte une impression vive dans nos organes. La pierre ne tombe de même dans l'eau, que par le combat des forces centrifuges d'un pareil volume d'eau contre la force centrifuge de la pierre. Un effet suppose toujours un mouvement, le mouvement un déplacement de parties, & le transport des parties un combat de la partie qui cède, contre celle qui surmonte. Ainsi, à mesure que le doigt s'approchera du tube électrique, il occupera un volume d'air qui contrebalançoit l'action du foyer du tube. Comme ce volume d'air renfermoit dans ses pores des parties plus condensées & plus électriques que celles qui sont dans le doigt, puisque les prémières sont dans un état de violence, & que les dernières sont dans l'état naturel; l'équilibre ne subsistera plus. Le doigt opposant moins de force que le volume d'air dont il a pris la place, la matière globuleuse se distendra du côté du doigt; une étincelle en conséquence pourra s'en élancer, & être suivie du craquement & de la secousse : car l'étincelle n'est que la distension rapide d'un ou de plusieurs globules qui frappent l'air avec plus ou moins de violence au moment de la cessation d'un foyer. Le tonnerre n'éclate avec tant de fracas, qu'au moment où son action cèsse, c'est-à-dire quand le foyer s'éteint. L'étincelle bruyante du charbon, du bois, est pareillement le signal de l'extinction d'un foyer dans la partie d'où l'étincelle s'est élancée. Le passage rapide d'un état de violence à l'état naturel, doit être marqué par une action fenfible. L'air comprimé dans la Veffie éclate avec d'autant plus de fracas que la compreffion eft plus forte. Mais nulle étincelle ne doit fe manifefter au moment qu'une preffion plus forte fait crever la Veffie, & met ce fluide en liberté, à caufe que cet état de condenfation ne réfulte point de l'action d'un foyer établi dans la Veffie, mais de la fimple preffion des parties du fluide aërien. Une bougie, une lampe, prêtes à s'éteindre ramaffent pour l'ordinaire leur force expirante dans une dernière étincelle, qui eft le fignal de l'extinction prochaine du foyer, & comme fon dernier effort.

L'on ne doit pas être étonné non plus, fi l'action de la matière globuleufe fe tranfmet avec une telle rapidité, qu'une file de perfonnes qui fe tiennent par la main, paroiffent recevoir en même-tems la fecouffe qu'imprime la diftenfion des corpufcules fphériques. L'on fait que la vîteſſe qui réſulte de l'action d'une même puiſſance ſera d'autant plus grande, que le corps qui la recevra, aura moins de parties ſolides. Il faut une grande force pour ébranler un poids conſidérable, & cette force, appliquée à un corps léger, lui feroit dans le même-tems parcourir un eſpace très-long. Or la matière globuleuſe étant très déliée & très-légére de ſa nature, ſera ſuſceptible de tranſmettre une action ſans aucun intervalle ſenſible à des diſtances prodigieuſes.

Si l'on demande encore pourquoi un corps ſi léger ſera capable de produire des effets ſi ſenſibles, des commotions violentes, des imprèſſions douloureuſes ; il ſera aiſé d'en aſſigner la raiſon. L'on n'ignore pas que la force d'un corps eſt le produit de ſa peſanteur par ſa vîteſſe : s'il perd du côté de la maſſe, & qu'il regagne autant & plus par ſa vîteſſe, ſa force pourra être égale à une maſſe quelconque, qui ſeroit mûe par la même puiſſance, & la ſurpaſſer même à cause de son extrême élasticité. Par conséquent la matière globuleuse sera susceptible des mêmes degrés d'impressions que les corps les plus lourds. Et voilà pourquoi elle sera la force motrice de tout l'univers.

DE L'AIMAN.

COMME l'Aiman n'a besoin d'aucun frottement pour acquérir des propriétés semblables à celles des corps électriques, c'est une preuve sensible que les pores dont il est pénétré, sont de nature à ramener la matière globuleuse qui y réside dans un même point. De-là cette circulation autour de ce point ou foyer, laquelle opérera tous les effets que nous connoissons. Prémièrement, il suit de la courbe elliptique que décrira cette matière autour des pierres d'aiman, qu'il y aura nécèssairement deux poles, l'un plus près & l'autre plus loin du foyer, & même qu'une certaine quantité de matière globuleuse sortant par un pole, rentrera par l'autre. Il y aura donc un côté dans chaque pierre d'aiman, vers lequel la matière environnante abordera, & un autre qui repouffera; par conféquent deux aimans placés près l'un de l'autre, s'approcheront ou fe fuiront fuivant la difpofition refpective de leurs poles. Car ceux de même nom, par exemple les attirans, déterminant la matière qui fera entr'eux à fe partager, pour fe porter également vers les deux foyers, il y aura nécèffairement un effort repulfif de la force centrifuge, qui tendra à les éloigner lorfqu'ils feront libres; & le même effet fe fera remarquer quand ceux d'où fort la matière globuleufe feront vis-à-vis l'un de l'autre. Quand au contraire un pole attirant fera vis-à-vis d'un pole repouffant, l'action fe fera vers un même côté, & alors le côté attirant d'un gros aiman pourra être abordé par de petits morceaux d'un autre aiman. L'on voit encore que deux aimans étant placés l'un fur l'autre, quand les poles de même nom feront du même côté ils doivent se fuir, & alors le morceau qui sera au-dessus, tournera sur l'autre, pour situer ses poles dans un ordre différent. Or la terre peut-être considerée relativement à son foyer, comme un gros aiman. Les mêmes lois doivent donc s'observer avec un autre aiman. Par conséquent il ne sera pas étonnant que les poles de celui-ci se placent vis-à-vis les poles de la terre de différens noms. Et comme en approchant des poles de notre globe, l'action du foyer terrestre diminue, celle de l'aiman restant la même, celui-ci tendra à s'y unir avec une force toujours plus grande, ce qui opérera sa déclinaison.

Il suit de ce qui vient d'être dit, que le foyer de l'aiman, ne sera pas assez fort, pour que les corps qui n'auront point de foyers particuliers puissent s'y unir, puisque cette action, dans deux aimans, ne résulte que de la combinaison de deux foyers. Et comme ce mineral attire à soi le fer & l'acier, c'est une nécèssité d'en inférer que la matière globuleuse a aussi son foyer dans ces corps. Et dès-lors nous pourrons comprendre cette impulsion mutuelle du fer vers l'aiman, & de l'aiman vers le fer exclusivement à tout autre corps. Nous nous confirmerons encore plus dans cette idée, si nous faisons attention 1°. Qu'il est souvent arrivé, que du fer long-tems exposé à l'air avoit acquis un foyer si fort, que ce métal n'étoit plus différent de l'aiman, puisqu'il attiroit d'autre fer, & qu'il dirigeoit ses poles vers ceux de la terre. 2°. Si nous observons aussi que l'attouchement du fer sur l'aiman communique une vraie vertu magnétique, sans doute parce que cette action écarte de dessus la surface du fer, des parties qui empêchoient une plus grande quantité de matière globuleuse de se réunir au foyer : & enfin, si nous considérons encore que le fer & l'aiman, étant nés en même lieu, doivent avoir entr'eux plus de rapports, plus d'affinité qu'avec les corps formés à des distances plus éloignées des foyers qui présidèrent à leur formation primitive.

Il est certain que les corps extrêmement durs comme le diamant, les pierres précieuses, les cristaux, l'aiman, le fer, feront mieux disposés à la formation des foyers intérieurs, que les corps mous. La matière globuleuse y étant plus refractée, s'approche d'avantage de la perpendiculaire, & est plus près de s'unir à un centre. Ce qui fera que plusieurs de ces corps pourront paroître attirer à eux des corps légers sans être frottés, comme nous le remarquons quelquefois dans les cailloux du Rhin dans les diamans, &c.

L'or est de tous les corps connus celui qui renferme le plus de matière sous la même surface, ce qui prouve que le fluide élastique, dont ses pores sont pénétrés, y est plus condensé que dans les autres solides, & a par conséquent plus de force centrifuge. Les Physiciens sont embarrassés d'expliquer pourquoi l'eau régale dissout l'or, plus compacte que l'argent, qu'elle ne pénétre point, & pourquoi
en

en même-tems l'eau forte diffout l'argent & ne diffout point l'or. Nous avons vû qu'un effet réfultoit toujours de la combinaifon de deux forces inégales. Ces deux liqueurs trouvant dans les pores de l'or, où elles cherchent à s'introduire, un fluide plus condenfé que dans les pores de l'argent, y produiront nécèffairement un plus grand effet, ou elles agiront plus puiffamment fur les parties folides du corps où elles feront plus repouffées. Puifque l'eau régale divife l'or & ne divife pas l'argent, c'eft une preuve que le fluide élaftique contenu dans l'eau régale & dans l'or, raffemblé dans le même efpace, aura été fort condenfé, & rendu par-là fufceptible d'une plus grande diftenfion. L'équilibre ne fubfiftant plus avec les parties du même fluide, qui prèffe extérieurement les parties du métal, l'effet fe fera de ce côté, ce qui opérera la divifion du morceau d'or, la force du centre à la circonférence, par l'introduction de la liqueur, étant fupérieure à celle de la circonférence au

H *

centre. Et comme le fluide élastique est moins comprimé dans l'argent que dans l'or, il est tout simple d'en inférer que l'introduction de la liqueur n'y opérera pas le même effet. Les pores étant plus grands, la force centrifuge sera moindre, & par conséquent la division des parties ne pourra être faite.

L'eau forte au contraire, plus comprimée dans les pores de l'argent, que l'eau régale y produira plus d'effet, & la division des parties pourra en résulter. Mais tandis que cette liqueur entamera l'argent, elle ne fera rien sur l'or, à cause que la supériorité de force centrifuge de l'or sur l'argent, sera plus que suffisante pour repousser l'action des globules élastiques renfermés dans la liqueur, qui ne pourra par conséquent point pénétrer les pores de l'or.

CHAPITRE IX.

De la nature des Fluides & de leurs principales propriétés.

UNE propriété commune à tous les Fluides, est celle qui résulte de la forme sphérique ou ellipsoïde de leurs parties. Les gouttes infiniment petites d'un fluide quelconque, doivent être de même forme que leurs parties finies, & avoir une curvité proportionnelle, la même cause devant agir également sur les unes & sur les autres. Mais comme la forme ellipsoïde suppose un état de contrainte, de violence, qui force les parties de prendre cette courbure, l'on doit penser que les corps extérieurs doivent prêsser d'avantage les surfaces courbes des particules de fluides, qu'ils ne prêssent les particules rectilignes. Mais cette plus grande prêssion suppose un besoin plus grand

H ij

de remplir de ce côté l'espace libre, que la matière plus resserrée y laisseroit. Et dès-là un foyer intérieur, établi dans chaque globule infiniment petit, puisque la matière y aborde en plus grande abondance : d'où nous comprendrons que la force centripète luttant contre la force centrifuge dans chaque globule, entretient la sphéricité des parties.

Il en résultera encore que deux gouttes d'eau placées près l'une de l'autre, feront des efforts respectifs pour s'unir, à cause de l'action respective de leur foyer, qui déterminant une plus grande quantité de matière à se porter vers ces deux centres, les deux gouttes seront nécessairement poussées l'une vers l'autre, & finiront par s'unir. Il en sera de même des parties de tout autre fluide ; la même cause les animant, les mêmes effets s'ensuivront toujours.

Qu'un corps quelconque touche la superficie d'une goutte d'eau ou de vin, ou d'une liqueur quelconque, alors les parties s'y portent promptement en s'y attachant par une large surface. Cet effet est une suite de l'imprèssion mutuelle des parties d'un même liquide ; car quand le corps touche la superficie de l'une de ces parties, la curvité est d'abord moins grande au point du contract, l'équilibre ne subsiste plus, alors la force centrifuge des parties inférieures de la goutte les porte vers la partie supérieure, ce qui étend leur surface le long du corps tangent ; la forme de la goutte change, & au lieu de conserver la figure C, elle prend la forme DE ; car l'imprèssion en E étant égale à l'imprèssion en D, la somme des forces centrifuges doit se distribuer également vers les deux parties, & aux côtés, pour se mettre en équilibre.

Fig. 10.

Toutes les liqueurs en général laissent de leurs parties sur la surface des corps qu'elles ont imbibés. La raison en est, que la force centrifuge de l'air est plus forte que celle des parties extrémement petites de ces liquides. Alors en les égoutant elles

H iij

ne suivront point en totalité : la partie plus foible en force centrifuge que l'air, restera attachée le long des parois du verre, du cristal & autres corps, où ces liquides auroient été déposés. Ainsi il y aura une force plus grande qui poussera les dernieres parties de ces liquides vers le verre, que celle qui les pousse l'une vers l'autre. C'est ce qui fait que l'eau pénètre à la longue les corps les plus durs.

Au contraire les parties extrêmes du Mercure, sont toujours plus poussées les unes vers les autres, que vers les parois des vases où elles ont séjourné ; ce qui fait que le Mercure ne laisse aucune de ses parties le long de ces surfaces.

Pour prouver ceci, il faut que, si l'on fait couler une goutte d'eau le long d'un tube capillaire & une goutte de mercure, la goutte d'eau laisse successivement assez de parties sur la surface du verre pour n'en conserver plus que la quantité nécessaire pour faire équilibre avec l'air, demeurer en conséquence en repos, sans descendre ni monter, & que la goute de mercure ne puisse jamais être diminuée par un tel mouvement. Or c'est précisément ce que l'expérience confirme. Car si l'on prend un syphon Fig. 11. BCHD, dont la branche capillaire HD, très-étroite, soit plus courte que BC, & s'élargisse successivement, quoique peu, de H vers D. Ce syphon étant mis dans une situation verticale & empli d'eau, une goutte de ce fluide sortira par l'orifice D, coulera le long de DE, & s'arrêtera par exemple, en E, en formant un anneau sphéroïde. Or il est visible que l'anneau E, n'est fixe, que parce qu'à ce point la force centrifuge de l'air est capable de soutenir le poids de l'anneau, & de l'attacher en même-tems au verre. Cet anneau, accrû par l'eau qui continue de couler de l'orifice, devenant plus pesant que l'air, tombe de nouveau & s'arrête en F, où recevant un autre accroissement de poids, il retombe en G, & enfin en H, quand son poids est de nouveau augmenté. Une goutte d'eau, d'abord plus pesante que l'air, étant diminuée devient donc plus légère, & par conséquent sa force centrifuge est inférieure à celle d'un pareil volume du fluide aërien. Ce qu'il falloit prouver.

Le mercure au contraire ne laissant jamais aucune de ses parties le long des surfaces vers lesquelles il a coulé, conserve toujours son même poids ; en sorte que la goutte que l'on supposeroit avoir coulé de l'orifice D, ne s'arrêtera nulle part. Sa force centrifuge sera donc toujours plus grande que celle de l'air ; les particules de ce fluide seront donc plus poussées les unes vers les autres, que celles de l'air & que celles de l'eau. Par conséquent le mercure pénétrera moins les corps que l'eau.

Néanmoins comme à force de diminuer les fluides & de les attenuer, l'on parvient à changer leur pesanteur spécifique, comme il arrive dans les évaporations des liqueurs, qui, d'abord plus pesante que l'air, deviennent plus légères ; le mercure, divisé en des parties extrémement petites & de beaucoup inférieures à celles de l'eau, pourra devenir assez léger pour être soutenu par l'air. Alors la force centrifuge de ce fluide prèssant les globules du mercure contre la surface d'un cristal les y attachera. Et c'est en effet ce qui arrive dans des globules de mercure extrémement petits. Mais si une masse de ce fluide vient à toucher ce globule attaché au cristal, la force centrifuge de cette masse étant plus forte que celle de l'air, l'effort se fera de ce côté, & le globule quittera à l'instant le verre pour se joindre au reste du mercure, sans laisser la moindre trace.

Une propriété commune à tous les liquides, est de se mettre de niveau sur tous les points de leur surface. Cette loi s'observe jusques dans les branches d'un syphon, dans lesquelles les liqueurs montent à une hauteur égale, pourvû néanmoins que l'une de ces deux branches ait plus de deux lignes & demie ou trois lignes de diamètre; car à cette dimension & au-dessous le liquide, contenu dans la branche capillaire s'y élève d'avantage que dans la grande branche. Cette égalité de hauteur est une suite de l'égalité de force centrifuge dans les parties d'un même liquide, qui se met en équilibre avec lui-même & avec l'air extérieur qui le presse également de tout côté. Mais il est évident que quand il se trouve une différence considérable entre les deux branches d'un même syphon, cette égalité ne subsistera plus ; l'eau qui se présente à l'orifice du tuyau capillaire, ne pourra y entrer que par un volume proportionné à sa largeur : il faudra donc que le fluide élastique, renfermé dans l'air, dans l'eau & dans le tube, augmente son effort pour diviser le liquide, de manière que la partie inférieure, qui part de la grande branche, s'aténue & se proportionne à la largeur du tuyau capillaire, & c'est en effet ce qui arrive, puisque la comprèssion y est d'autant plus forte, que l'eau y sera plus resserrée. La matière globuleuse étant plus resserrée au-dessous de la petite branche qu'au dessous de la plus grande, y déployera donc plus d'action, & par conséquent l'eau y sera plus élevée.

Il suit de là que l'eau montera dans un tube capillaire, quand un des orifices sera présenté à la surface d'un reservoir quelconque rempli de ce liquide. Car immédiatement après cette immersion du tube, la comprèssion étant plus forte dans les gouttes d'eau qui seront entrées dans l'orifice, il y aura un effort de tout côté pour que tout se remette en équilibre, & que la totalité des forces se partage. L'air renfermé dans les tubes sera donc repoussé, & un volume égal à celui que l'eau occupera par son ascension sortira par l'orifice supérieur, lorsque cette extrémité sera ouverte. Mais il est bien sensible que si cette extrémité est fermée, l'eau ne pourra monter, à cause de la réaction du fluide élastique dans le tube, à laquelle cet orifice bouché donneroit lieu. Cependant si les parois du verre étoient enduits d'huile ou d'une autre matière grasse, l'eau ne monteroit plus, à cause que l'action de la matière globuleuse qui traverse les pores du verre, s'exerçant d'abord sur ces corps mous, perdroit nécessairement une partie de sa force ; en sorte qu'il ne lui en resteroit pas assez pour contribuer autant qu'elle devroit à l'ascension des parties de ce fluide.

A mesure que le tube seroit plongé plus avant dans l'eau, la matière globuleuse, contenue dans le liquide plus comprimé, porteroit les parties d'eau à une plus grande élévation. Et si ce tube, après son immersion, est ramené dans l'air, qu'aucune de ses extrémités ne touche plus l'eau, la portion de ce liquide, qui sera entrée dans le tube, continûra d'y demeurer : car immédiatement après l'ascension de ces parties d'eau, l'air & le fluide élastique se seront mis en équilibre tout autour du tube. La force centrifuge sera donc égale de tout côté. L'action qui poussera de haut en bas sera contrebalancée par celle qui agira de bas en haut, & par conséquent rien ne bougera.

Il ne faut point attribuer ce dernier

effet à d'autres causes. Car, si on le remarque bien, la même action qui a fait monter le liquide dans le tuyau capillaire n'a certainement opéré cet effet, quelle qu'en pût être la cause, que parce que le fluide a été plus porté à monter qu'à descendre dans le tube. Or, cette cause, après avoir produit cet effet, ne peut s'être anéantie, elle a dû se distribuer dans tous les corps environnans, pour établir un équilibre entr'eux & avec l'eau du tube. C'est donc une nécessité que cet état subsiste jusqu'à ce que quelque cause nouvelle vienne le troubler.

Comme c'est la force de l'élasticité qui opére l'ascension des liqueurs dans les tuyaux étroits, l'on sent qu'il peut très-bien arriver que des liqueurs plus légeres montent moins haut que d'autres plus pesantes, dès que celles-ci auroient plus de fluidité, plus de mobilité, plus d'élasticité à proportion que les premières. Il ne doit pas paroître étonnant que le mercure, par exemple, loin de s'élever au-dessus du niveau de la grande branche, reste au contraire toujours au-dessous, attendu le peu de mobilité de ces parties. Ce fluide étant plus comprimé dans la petite branche que dans la grande, & ses parties étant plus applaties que celles des autres liquides, puisque le fluide élastique y est supposé moins agité du centre à la circonférence ; cette plus grande comprèssion contribuera encore à la diminution de curvité des parties, & conséquemment au décroissement de leur force centrifuge. Et partant ce fluide sera plus élevé dans la grande branche où la comprèssion sera moindre que dans la petite.

L'on remarque encore que cette ascension des liqueurs dans les tuyaux capillaires, s'opère dans l'air subtil comme dans l'air grossier, à cause que la soustraction de l'air grossier, dans la Machine Pneumatique, laisse subsister la même proportion dans les volumes renfermés dans les deux branches du syphon. Ces liqueurs, étant moins soutenues dans l'air subtil, peseront d'avantage vers le foyer de la terre, &

la liqueur du tuyau capillaire, augmentant sa pesanteur, à proportion que celle qui sera renfermée dans l'autre tuyau augmentera la sienne, la force centrifuge de la matière globuleuse opérera toujours les mêmes effets.

Un des effets qui fait le mieux sentir la présence de cette force centrifuge d'un fluide élastique, est celui du mouvement retrogradé dans l'intérieur d'un tuyau capillaire de la part de la goutte d'eau, qui, après avoir coulé le long de ce tuyau de haut en bas dans la partie extérieure, passe par l'orifice inférieur, & remonte avec beaucoup de vîtesse. Cet effet est visiblement une suite de l'augmentation de force centrifuge qu'acquiert ce globule dans l'intérieur du tuyau. La matière globuleuse traversant directement les pores du verre, où étant introduite par l'orifice supérieur dans un espace si retréci, a plus de force centrifuge que celle qui est appliquée sur la surface extérieure. Par conséquent telle goutte d'eau qui descendroit dans la partie extérieure du verre, pourra remonter dans la partie intérieure ; puisque la masse de cette goutte restant la même, elle nagera dans un fluide plus comprimé, plus fort en force centrifuge, & par conséquent plus pesant.

Une foule d'expériences prouvent incontestablement que la terre est enveloppée d'un atmosphère d'air pesant au centre de la terre. Ce fluide, mû par la matière globuleuse qui le frappe, comme elle fait les corps solides, aura la même tendance. Et comme les corps qui, sous le même volume, renferment plus de matière, reçoivent, d'une même puissance, une plus grande quantité de mouvement que les corps moins denses, il s'ensuit que la pesanteur, à égale distance du centre, sera nécessairement proportionnelle à la quantité de matière, contenue sous le même volume. L'air aura donc sa pesanteur spécifique. Or comme ce fluide est extrémement délié, qu'il s'introduit généralement partout, quantité d'effets de la nature devront procéder de son action sur les corps ; non qu'il soit par lui-même doué d'aucune force, mais par le fluide élastique dont ses pores seront pénétrés, & par l'impression qu'il recevra perpétuellement de ce même moteur dans les divers cas qui se présenteront.

C'est ordinairement à la pesanteur de l'air que l'on attribue la cause de l'ascension de l'eau dans les pompes aspirantes : & il faut convenir qu'en effet l'air opére, si non directement, du moins indirectement cet effet. Car au moment où le piston remonte, l'eau qui n'est plus prèssée en sa surface extérieure, monte aussi pour suivre le mouvement du piston, à cause que rien ne prèssant de haut en bas, l'équilibre est troublé, & la force centrifuge des parties d'eau par le fluide élastique, opére son effet dans cette direction, comme celle où il y a le moins de résistance. Le piston, dit-on, tient la place d'une colonne d'air qui prèssoit de haut en bas, vous supprimez cette prèssion, vous augmentez donc d'autant la prèſſion de bas en haut, & par conſéquent l'eau montera de toute la quantité de cette prèſſion ſouſtraite. Mais ceci ſuppoſe toujours une force motrice, capable d'élever les parties de fluide dans cette direction : il eſt bien clair que l'attraction ne peut opérer cet effet. Car ſi l'on vouloit ſuppoſer qu'il eſt effectivement la ſuite de l'attraction du piſton ſur l'eau, il s'enſuivroit qu'un piſton d'argent feroit remonter l'eau plus promptement qu'un piſton d'étain, & un piſton d'or plus vîte encore que le piſton d'argent, puiſque l'attraction agit en raiſon des ſolidités des corps attirans. Quel homme pourroit admettre de telles conſéquences, dont tout fait ſentir l'abſurdité, & qui ſuivent cependant de l'hypothèſe de l'attraction.

Le mouvement de la matière globuleuſe augmentant vers le foyer de la terre comme le quarré de la diſtance diminue, l'on voit que l'air ainſi que les autres liquides & même les ſolides doivent accélérer leur mouvement dans cette proportion : ainſi la prèssion sera plus forte dans les lieux bas que dans les lieux élevés. Par conséquent un même liquide ne remontera pas à la même hauteur sur tous les points de la surface de la terre.

Il faut remarquer ici que le poids de l'air étant nécèssairement limité, les liqueurs ne peuvent monter dans les pompes aspirantes que jusqu'à une certaine élevation. Et voilà pourquoi la variation de pesanteur, à différens éloignemens du centre de la terre, doit produire des différences dans les degrés d'ascension d'un même fluide. Ce qui est en effet confirmé par l'expérience.

L'on remarque tous les jours dans les sièges qu'un Mineur, qui s'est enfoncé jusqu'à une certaine profondeur, ne peut plus respirer dans la mine, à cause de la pesanteur trop grande de l'air. Car si vous pompez une partie de ce fluide, comme l'expérience en a été faite, le Mineur pourra pénétrer encore plus avant dans les terres : il y avoit donc du trop, puisqu'on a été obligé de retrancher. Quelques-uns attribuent l'effet qui suit de cette souftraction de fluide au mouvement que la pompe imprime à l'air par la circulation que chaque coup de piston y établit. L'air, dit-on, ne circuloit que peu ou point au fond de la mine, la pompe donne lieu à ce fluide de se renouveller continuellement, par conséquent le Mineur y respirera aussi facilement que dans l'air libre. Il est aisé de voir que ce raisonnement tend toujours à établir le principe de la plus grande condensation des fluides dans les espaces plus retrécis. Car l'air n'y peut moins circuler, que parce que ses parties seront plus resserrées, plus compactes en un mot, que la matière globuleuse y sera plus contrainte. Or cette conséquence établie, l'on est forcé d'avouer que la force centrifuge des fluides s'accroît dans les espaces moins étendus, & que conséquemment les corps qui y nageront seront plus poussés du centre à la circonférence que dans l'air libre.

Les fontaines de la ville d'Aire en Artois, & celles de l'Abbaye S. Bertin doivent vraisemblablement leur origine à quelques refléxions pareilles à celles que nous faisons ici. Des Artistes ingénieux imaginèrent de forer la terre, jusqu'à ce qu'ils eussent rencontré quelques sources : ils pensèrent que l'opération conduite à ce terme, il n'étoit pas possible que l'eau ne remontât jusqu'à l'orifice du petit canal, comme il arrive dans les tuyaux capillaires, étant animée par une plus grande force centrifuge, & les liqueurs remontant d'ailleurs aussi haut que leur source. L'expérience confirma cette théorie : à peine le forêt eut il atteint le lieu des eaux, qu'elles remontèrent, & coulèrent de l'orifice supérieur, à la grande satisfaction des peuples, qui étoient souvent exposés à manquer d'un élément si nécèssaire à la vie. Ainsi voilà un moyen facile de s'assurer à peu de frais, si un lieu est susceptible de recevoir des eaux des entrailles de la terre.

C'est à ces principes qu'il faudra rapporter l'origine des vapeurs, qui s'exhalent du sein de la terre & des mers, après que l'action du soleil s'est fait ressentir sur notre globe. La matière globuleuse étant alors plus agitée, détache des corpuscules aqueux de la masse, ces corpuscules prèssés par l'air extérieur, & rendus plus légers, s'élèvent, en se rapprochant les uns des autres, & forment par leur rencontre un canal creux, dont un des orifices touche à la terre, & l'autre s'élève succèssivement vers la région supérieure. Ces globules d'eau, introduits dans le canal par l'orifice inférieur, y montent progrèssivement comme dans les tuyaux capillaires, tandis que d'autres les remplacent succèssivement. Et cette action, s'exerçant sur une grande étendue, transporte loin de notre horizon cet amas de vapeurs que nous voyons s'élever au-dessus de nos têtes, & qui se resolvent en rosées ou en orages, selon qu'elles forment dans l'air une masse plus ou moins grande & plus ou moins compacte. Ainsi toutes les fois que le soleil dardera ses rayons sur la terre du point de son lever ou de son coucher, son action étant oblique, les colonnes de vapeurs suivront cette obliquité, & tomberont par conséquent sur la surface de la terre : ce qui fera les rosées du matin & du soir. Mais quand des vents impétueux pousseront les colonnes les unes vers les autres, les vapeurs s'épaississant deviendront plus compactes ; & lorsque leur densité sera au point de l'emporter sur celle de l'air, elles tomberont en pluie par leur excès de pesanteur. Ceci nous montre clairement qu'il se forme de la même matière des corps plus ou moins pesans, ainsi que nous l'avons déja observé.

Ces vapeurs seront quelquefois plus hautes, quelquefois plus basses, suivant leur degré de légéreté, & nageront dans un fluide d'inégale densité, puisque l'air supérieur, dans les vapeurs qui ne seront point montées sera nécessairement plus léger, tandis que l'air inférieur qui les soutiendra sera plus pesant. Ce qui forme une nouvelle preuve de la plus grande condensation des liquides placés plus près du centre de la terre. Car il est visible que si cette condensation étoit par-tout la même, les vapeurs monteroient jusqu'au sein de l'atmosphère, puisqu'elles seroient par-tout plus légères que l'air. Nous ne pourrions même comprendre l'existence de ces fluides, & la continuité de leurs parties : car si les dimensions de ces parties étoient absolument égales, elles auroient toutes la même prétention pour se placer à la même distance du centre : ce qui occasionneroit un combat perpétuel, dont il ne résulteroit que désordre & confusion. Ainsi il faudra nécessairement entendre que les parties d'un même fluide sont de différente densité, & qu'elles sont arrangées de manière que les plus solides soutiennent toujours les plus légères : action d'où résulte leur parfait équilibre.

L'ascension des liqueurs dans les tubes capillaires nous représente une action semblable qu'opère la nature dans ces transpirations souterraines, qui entretiennent les sources de quantité de fontaines, qui ne doivent
point

point leurs eaux, ni aux pluies, ni aux neiges, ni aux rosées, & sert encore à expliquer la distribution de la séve dans le règne végétal, laquelle monte successivement, depuis la racine jusqu'au sommet des plus hautes branches. Cette action augmente toujours à proportion que la chaleur du soleil est plus grande ; car alors le fluide élastique étant plus agité, pousse plus rapidement du centre à la circonférence, & cette force centrifuge, en même-tems qu'elle fait monter la séve dans les plantes, développe leur germe par des progrès proportionnels, & les conduit au point de leur maturité.

Quelle autre cause pourroit opérer des effets semblables ? Cette curvité qu'affectent généralement tous les fruits, les troncs, les tiges, les feuilles, n'est-elle pas une preuve frappante de cette force, qui se développant constamment en manière de cercle, du centre à la circonférence, place chaque partie suivant les différens degrés de courbure qu'elle employe.

I

La variété de figure curviligne qu'offre le règne végétal, peut-elle être autre chose que l'effet des imprèssions variables que le fluide élastique aura reçues du soleil, de l'air, de la pluie & d'autres causes semblables, dont l'action n'est jamais constante. Mais à travers cette immensité de formes différentes, & qui se manifestent sensiblement sur la surface du même corps, l'on apperçoit le plan général, le systême, en un mot, suivant lequel la cause primitive agit toujours; & il faudroit fermer les yeux exprès & de dessein prémidité pour ne pas l'appercevoir. L'attraction agit toujours en ligne droite, elle ne peut donc être la cause de la végétation : car tous les fruits seroient alors de formes polygonnes. Ce qui n'est pas.

Plusieurs expériences ont fait connoître qu'il y avoit des corps qui ne recevoient sur leur surface, ni la rosée ascendante, ni la rosée descendante, tandis qu'une infinité d'autres en étoient imbibés. L'attraction ne peut encore rien nous apprendre ici ; mais avec quelle facilité ce phénomène ne s'explique-t'il pas dans cette nouvelle hypothèse, à la faveur du fluide élastique répandu dans tous les corps, dont l'action plus forte dans les uns, repoussera à un certain intervale du foyer la rosée ascendante & descendante, tandis que plus foible dans les autres le même effet ne poûrra en résulter.

Mais comme l'action des foyers du soleil & de la terre est variable, à raison de leurs distances, différentes dans divers tems de l'année, & de l'obliquité de leur action, cette circonstance doit opérer des changemens dans la densité respective des corps de notre globe. Quand le soleil sera plus près de nous, la force centrifuge de cet astre, & celle du foyer de la terre, se contrebalanceront à une moindre distance du foyer terrestre : alors les parties des corps de notre globe seront plus poussées les unes vers les autres, à raison du rapprochement des deux foyers ; les fluides se condenseront, la forme sphérique de leurs parties fera place à une forme rectiligne

& angulaire qui préfentera de toutes parts des pointes, des éminences, telles que nous en obfervons dans la glace: l'air même armé de ces pointes fera plus d'impreffion fur nous. Ce ne feront plus des furfaces unies qui glifferont fur nos corps ; mais des couches raboteufes, hériffées d'angles vifs, dont la piqûure fera très-fenfible. Ce fera donc pendant l'hiver, où le foleil eft plus près de la terre qu'en Eté, que s'oppéreront ces changemens, qui feront encore augmentés par l'obliquité de fon action, comme nous le dirons bientôt.

Mais au moment où un corps enflammé fera préfenté à un morceau de glace, l'on voit que l'action de ce nouveau foyer doit dérranger l'équilibre des foyers oppofés du foleil & de la terre, & qu'alors les parties doivent fe rétablir dans l'état primitif. Quand l'air fera chargé de vapeurs, de nuages, l'on fent encore que l'interpofition de ces corps doit affoiblir l'action du foleil, & empêcher fon effet : en forte que différentes caufes peuvent concourir aux degrés de congelation des fluides. La situation des lieux plus ou moins élevés, plus ou moins couverts, doit aussi y mettre des différences. Mais ce qui y contribuera le plus, ce sera l'obliquité de l'action du soleil. Si cet astre étoit perpendiculaire sur notre horison, son action opéreroit bien le resserrement des parties ; mais cette condensation, seulement momentanée, seroit plûtôt capable de produire le chaud que le froid, à cause de la multitude de foyers particuliers qu'une telle direction occasionneroit. Les globules sphériques des liquides étant supposés presses par les foyers de la terre & du soleil dans une direction perpendiculaire à leur surface, se resserreroient sur eux-mêmes en conservant leur curvité, la matière élastique qui les pénètre se rassembleroit dans un point central, & circulant autour de ce point avec une force centrifuge plus grande, la chaleur en résulteroit. Car la chaleur n'est que la sensation que nous éprouvons à la pré-

Liij,

fence d'un corps, pénétré d'une matière circulant autour d'un foyer. Et comme cette action se porte du centre à la circonférence, elle finit par éloigner les parties de leur centre commun de gravité plus qu'elles ne l'étoient avant la formation du foyer : ce que nous nommons dilatation. En sorte qu'il paroît que la direction perpendiculaire de l'action solaire sur la terre, produira d'abord le resserrement des parties, ensuite la formation d'une multitude de foyers, d'où suivra la dilatation des corps. Ce dernier effet est totalement opposé à celui du froid, puisque l'action s'y porte du centre à la circonférence.

L'obliquité au contraire de l'action solaire sur la terre ne donnant pas lieu à la formation d'une si grande quantité de foyers, la chaleur sera moindre sur notre globe. Et comme tout y est plus comprimé dans le tems où les foyers du soleil & de la terre sont moins distans, chaque corps ayant en même-tems moins de force centrifuge pour repousser l'effort de ces deux centres, l'on voit la nécèssité que les surfaces sphériques se resserrent, perdent leur curvité, & se transforment en polygones de plus ou moins d'angles & de côtés : à proportion que le froid sera plus fort, les angles seront plus aigus, jusqu'à devenir presque tranchant au tems du plus grand froid.

Il faut cependant observer que l'eau, en se condensant, augmente son volume, ce qui fait qu'elle devient plus légère en cet état que dans l'état de fluidité. Cette extension de surface procéde de la solidité de ses parties, placées plus près de leur foyer, que les parties solides de la plûpart des autres liquides, ensorte qu'à un certain degré de congelation, ces parties plus rapprochées de leur foyer en reçoivent plus d'imprèssion, tant par leur plus grande proximité, que par la force accrue de la matière globuleuse, plus resserrée sur son centre : & alors l'action des globules sphériques se déployant avec violence, écarte les parties d'eau du centre, ce qui opére leur expension, & la force extraordinaire avec laquelle les vases qui les contiennent sont brisés, & de grands poids élevés sur leur surface. Au lieu que les parties solides des liquides plus spiritueux, plus légers, étant plus éloignées de leur foyer, la congélation s'y fait à un plus grand éloignement de ce point central ; ensorte que l'action de leur foyer déployant moins de force, leurs surfaces sont moins étendues. Le fer fondu, par le même principe, augmentera plûtôt son volume qu'il ne le diminûra, lorsqu'il sera frappé par l'air extérieur. Car cet air n'étant pas capable de repousser l'action de la force centrifuge de ses parties, elles acquéreront nécessairement plus d'extension, par l'inégalité de ces deux forces, comme un ressort tendu, dont le jeu augmente à mesure qu'il est comprimé par une force plus foible, qui lui résiste.

C'est par-là que nous pouvons comprendre l'action des sels sur l'eau, dans la dissolution de la glace. Ces sels étant remplis d'un fluide élastique très-comprimé, s'introduisent, en se dissolvant, dans les pores de l'eau, & en chassent d'autres globules moins élastiques, ce qui opére l'éxhalaison de la vapeur que l'on en voit sortir. Le mouvement intestin de la glace étant augmenté par la dissolution de ces sels, laquelle donne lieu à la force centrifuge des globules élastiques de se déployer, les parties extrémement petites de la glace sont écartées l'une de l'autre, dès-là la glace se dissout, la fluidité se rétablit : mais le froid au lieu de diminuer, augmente, à cause des pointes extrémement aigues, dont le sein de l'eau est par-tout armé, qui pénétrent d'autant plus que la force centrifuge des parties, qui en sont chargées, est plus considérable.

C'est encore à cette augmentation de force centrifuge, qu'il faut attribuer la formation de la glace artificielle. L'eau contenue dans la bouteille, qui communique au vaisseau qui renferme le mêlange, est continuellement frappée à travers les parois du verre par l'action des sels sur l'eau :

en sorte que l'eau de la bouteille, comprimée d'un côté, se distend de l'autre, & perd insensiblement sa forme sphérique & se congele.

Les acides peuvent être rangés dans la classe des corpuscules anguleux : c'est par leur pointe extrémement aiguë qu'ils opérent les sensations que nous éprouvons au moment où ils se mêlent avec la salive. Par-là s'explique la coagulation du sang, causée par l'action de ces corps, puisqu'ils doivent produire les mêmes effets sur le sang, qui est un fluide, que les sels sur l'eau ; & les fermentations excitées par le mélange de plusieurs sortes de sels avec de certaines liqueurs. Les globules d'eau étant supposés renfermer un foyer intérieur, nous comprendrons leur action dans la séparation des parties d'un corps qu'ils pénétreront : & de-là le principe de toutes dissolutions.

Il n'existe aucun corps inflammable qui ne comprenne en sa substance, des sels, de l'huile ou souffre, de l'eau & de la terre. Ces quatre matières renferment dans leurs pores des globules du fluide élastique plus ou moins comprimé. La compression est très-forte dans les sels, ce qui fait que quand ces globules viennent à se distendre, ils éclatent avec fracas. Ces globules étant moins comprimés dans l'huile, dans l'eau & dans la terre, l'on doit sentir que du mêlange de ces quatre matières, différentes en force centrifuge, diverses solidités doivent en résulter.

Un corps qui, toutes choses d'ailleurs égales, renfermera plus de sels qu'un autre corps, sera nécessairement plus compacte, puisque l'excès de la force centrifuge de ces sels sur les autres matières, avec lesquelles ils seront combinés, pressera d'avantage là où cet excès se trouvera, & les parties de la matière prendront pour lors une forme polygone; armée d'angles & d'éminence tout autour de leur surface.

Le souffre ou huile paroît destiné à lier les matières, à les rendre inflammables & opaques : car l'expérience fait connoître qu'un corps qui renferme plus de parties sulphureuses, est plus propre à l'inflammation. Cette matière étant molle, grasse, & onctueuse, bouche les pores des corps de telle sorte que l'air ne pénétre que peu ou point ceux qui en sont enduits. Ce qui doit contribuer beaucoup à leur opacité. Les matières vitrificables ne parviennent à l'état de vitrification, que quand l'action du feu les a débarrassées de leur souffre. L'eau de la mer est moins transparente que l'eau ordinaire, parce qu'elle renferme plus de parties huileuses. Les cristaux, les verres ont plus de transparence que les autres corps, à cause qu'ils ne contiennent dans leur substance rien qui puisse changer la direction de la lumière, qui est refractée uniformément, au lieu qu'il n'en est pas de même des corps plus sulphureux. Les rayons passant par différens milieux s'y brisent différemment, ce qui les détourne à chaque instant de la ligne droite, & affoiblit d'autant leur action. Et voilà pourquoi les corps diaphanes font ordinairement plus propres aux opérations de l'électricité, puisque leur foyer doit être plus fort que celui que l'on peut supposer dans un corps opaque.

Enfin nous ne devons pas passer sous silence l'effet de l'air par le fluide élastique sur le Baromètre. L'on remarque que la hauteur du mercure baisse toutes les fois que l'air est chargé de vapeurs, de nuages, de pluie, &c. Ce qui doit faire conclure que la colonne d'air qui prèsse par l'orifice ouvert du Baromètre, doit être alors plus légere, ou ce qui revient au même, avoir moins de force centrifuge. Et c'est en effet ce que le raisonnement nous apprendra, si nous faisons refléxion que les vapeurs ne s'exhalent du sein de la terre, dans la région supérieure, qu'après avoir été dilatées, au point d'avoir acquis plus de légéreté que l'air. La matière aqueuse, qui occupe la place d'un pareil volume d'air, aura donc moins de force centrifuge que n'en auroit ce volume. La prèssion sur le vif argent sera par conséquent diminuée, & partant la colonne ne remontera pas si haut qu'au tems pur & serein.

Ainsi il ne paroît pas vrai que l'air soit plus resserré, plus compacte dans un tems chargé de vapeurs qu'au tems épuré : il est au contraire plus raréfié. Et c'est là ce qui fait que la colonne de vif argent est plus courte, puisque la force centrifuge en est diminuée.

Quand les nuages sont formés dans des lieux fort éloignés de notre horizon, & nous sont apportés en peu de tems, par l'action de quelques vents impétueux, il peut arriver que le tems tourne tout d'un coup à la pluie, sans que le Baromètre ait fait voir aucun changement dans le vif argent, à cause que l'action de l'air étant succèssive, n'aura pû se transmettre assez rapidement pour opérer une dilation, au lieu où l'orage va se décharger, avant la chute des nuées, & alors il peut pleuvoir sans que le vif argent change. Quelquefois la dilation s'opérera dans le tems que les nuées se dissoudront, & le mercure ne baissera que dans ce moment même. Enfin dans d'autres circonstances, le tems étant pur & serein, le mercure baissera tout d'un coup, ce qui sera le signal de la dilatation, qui s'opére dans ce moment dans l'air, à l'occasion de quelques exhalaisons formées dans des contrées éloignées, ensorte que les orages qui en naîtront ne se manifesteront qu'à quelques jours de-là & peut-être même point du tout.

Nous ne pousserons pas plus loin ces principes, persuadés que nous sommes d'en avoir assez dit pour en faire voir l'étendue, & pour prouver que tous les effets de la nature de quelque espéce qu'ils puissent être peuvent être aisément & plus vraisemblablement ramenés aux lois fondamentales que nous avons exposées dans cet ouvrage, ensorte que des Physiciens laborieux & zélés pour le bien public, seront plus à portée d'entrer avec méthode dans les détails que chaque partie de Physique peut exiger, & jetter par-là les fondemens d'un corps complet de sience naturelle, dont les différentes branches auront un centre commun où elles s'uniront, au lieu qu'aujourd'hui faute de concert, de point de vûe général, chaque partie de Physique est traitée comme si elle existoit seule, & sans rapport aux autres parties; les principes y sont différens : l'un part du système de l'attraction, l'autre de celui de l'impulsion, un autre de l'hypothèse des tourbillons. Quelques-uns admettent le plein parfait, d'autres le vuide. En un mot l'étude de cette sience est un vrai labyrinthe, un cahos perpétuel où s'abîme l'esprit humain, par la multitude de principes opposés qui lui sont présentés ; & il n'y a pas d'apparence que nous fassions de grands progrès dans la partie raisonnée du spectacle de l'univers tant que ce défaut de méthode subsistera.

L'objet que l'on s'est proposé ici, a été de rassembler dans un court espace les phénomènes les plus importans de la nature, & de faire voir avec quels succès les principes convenables pour les expliquer, pouvoient être
puisés

puisés dans la source des vérités révélées, & remplir en même-tems les obligations que nous nous sommes imposés par le titre de cet ouvrage de faire voir l'Accord de la Foi avec la Raison, dans la manière de présenter le Systême Physique du Monde. Ensorte qu'il ne nous reste plus qu'à montrer le même Accord de la Raison avec les mystères les plus sublimes de notre Religion, pour avoir satisfait en entier à nos engagemens, & c'est ce qui va faire le sujet de la seconde Partie de cet Ouvrage.

Fin de la première Partie.

TABLE DES CHAPITRES

Contenus dans cette Partie.

CHAPITRE PREMIER.

DE la Matière primitive dont les Corps sont composés. Page 1

CHAPITRE II.

Accord de la Génèse avec la Physique dans la création d'une seule matière. 29

CHAPITRE III.

Explication de la Lumière, son mouvement, ses effets, & la forme de ses parties. 36

CHAPITRE IV.

Conséquences qui fuivent des Chapitres précédens par rapport au Vuide & au Plein, & relativement au Mouvement, à la Lumière & au Feu. Page 54

CHAPITRE V.

Formation de la Matière Célefte. Second Jour du Monde. 75

CHAPITRE VI.

Obfervations plus étendues fur la Pefanteur. 86

CHAPITRE VII.

De la Courbe que décrivent les Planettes autour des foyers, vers lefquels elles font pouffées. 113

CHAPITRE VIII.

Du Flux & du Reflux de la Mer;

212 TABLE DES CHAPITRES,

des effets de l'Électricité : de la vertu magnetique de l'Aiman, & de quelques autres parties de Physique. *Page* 150

DE L'ÉLECTRICITÉ, 156

DE L'AIMAN. 164

CHAPITRE IX.

De la nature des Fluides & de leurs principales propriétés. 171

FIN.

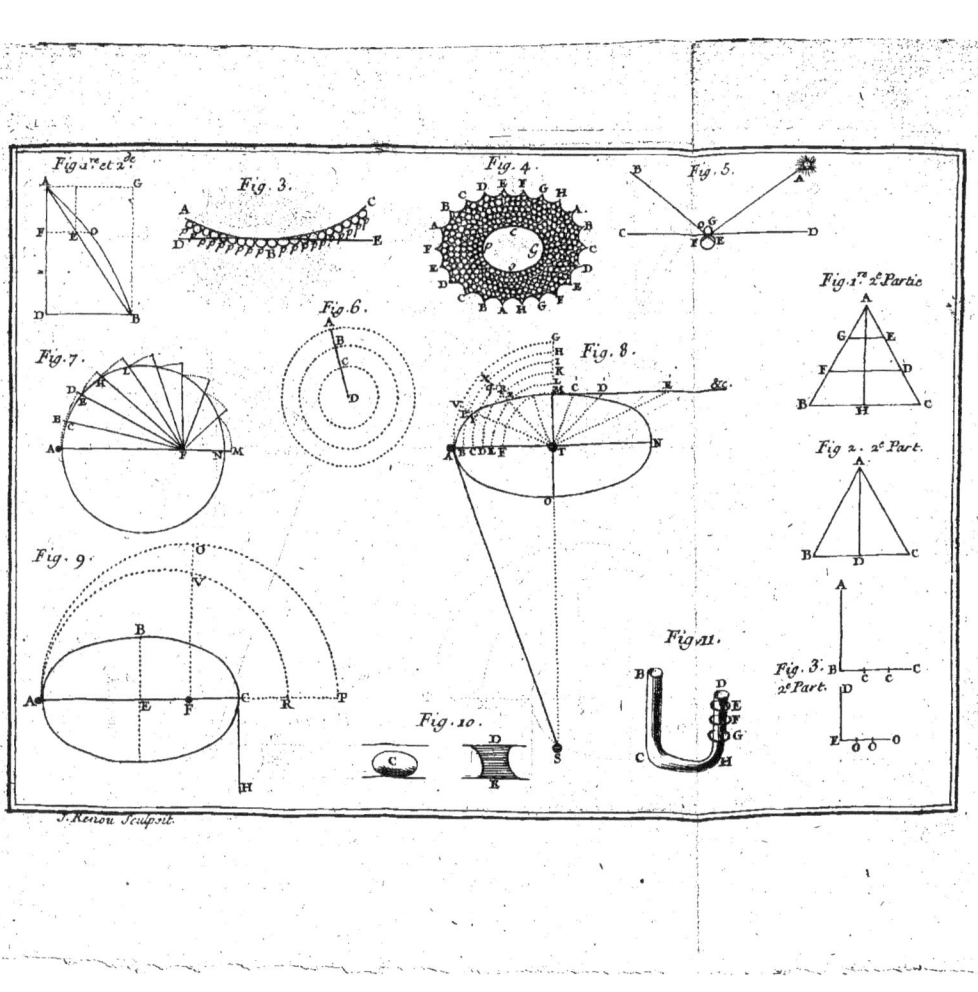

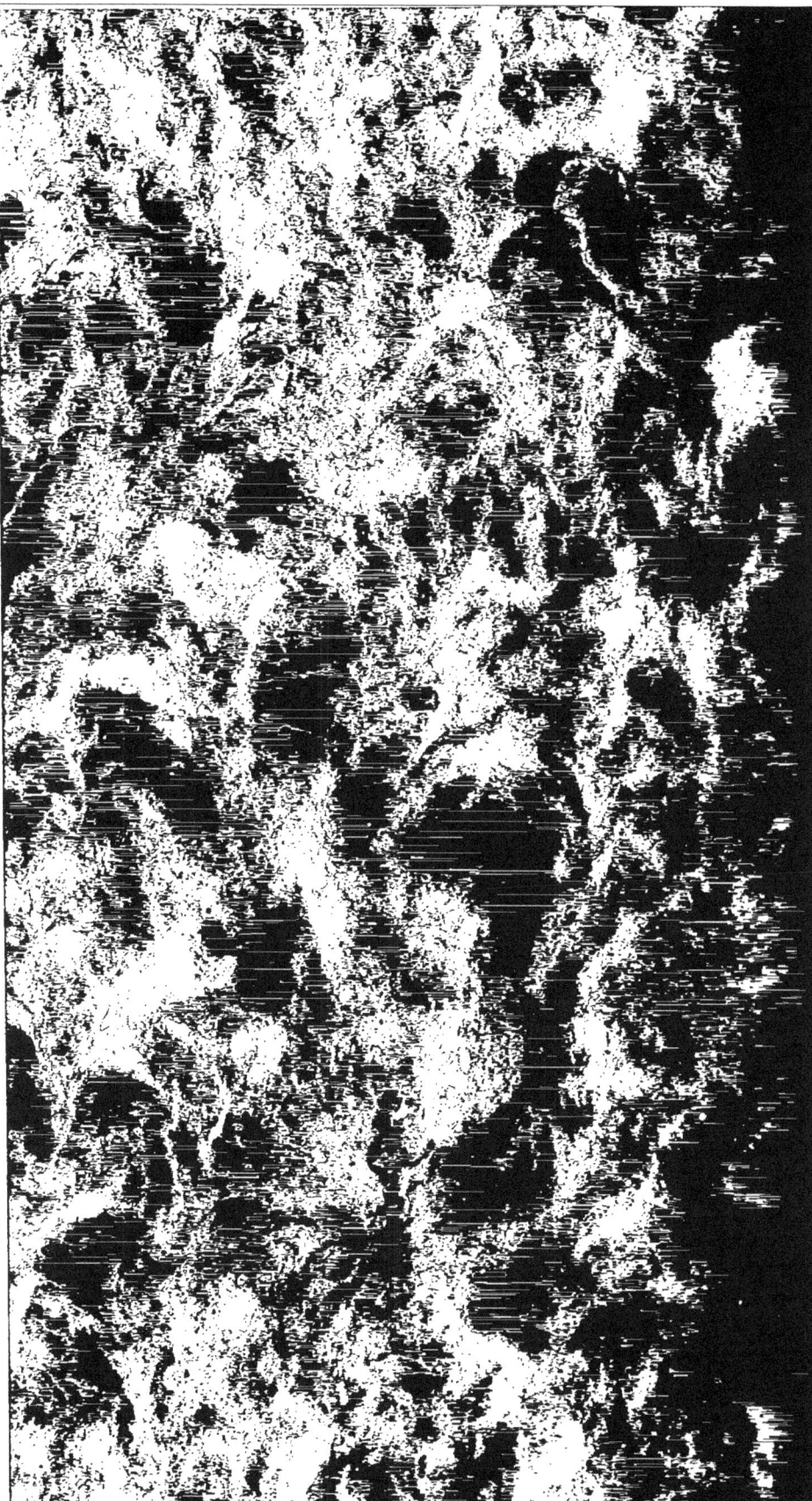

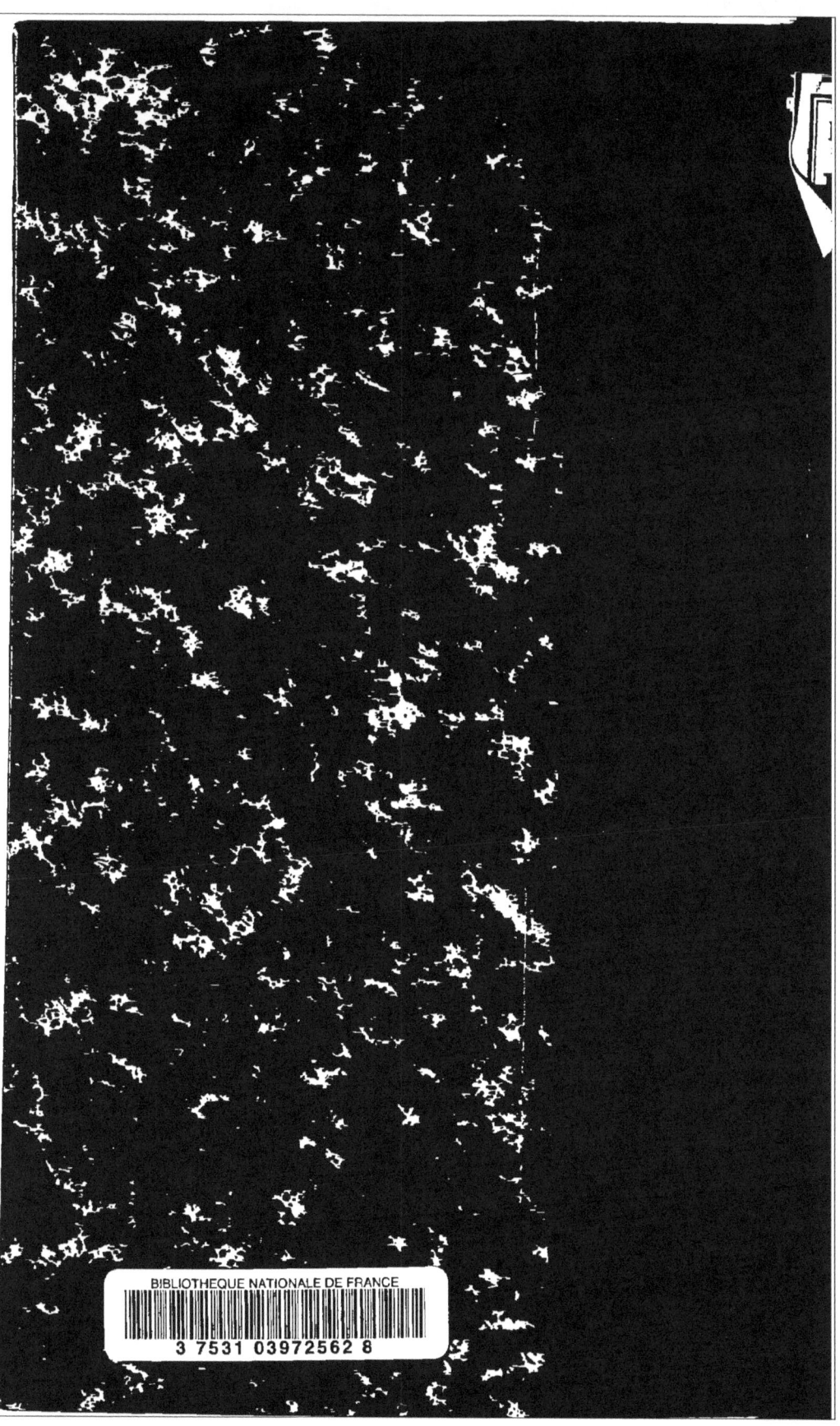

www.ingramcontent.com/pod-product-compliance
Lightning Source LLC
Chambersburg PA
CBHW071944160426
43198CB00011B/1530